소리의 은하계

KOE NO GINGA-KEI(声の銀河系)
by TOYOKO YAMADA(山田登世子)

Copyright © 1993 by TOYOKO YAMADA
Originally published in Japan by KAWADE SHOBO SHINSHA Co., Ltd

Korean translation copyright © 2003 by AHCHIM Publishing Co.

Korean translation right arranged with KAWADE SHOBO SHINSHA Co., Ltd
through Japan Foreign-Rights Center and SHINWON Agency.
All rights reserved.

이 책의 한국어판 저작권은
Japan Foreign-Rights Center 와 SHINWON Agency를 통한
KAWADE SHOBO SHINSHA와의 독점계약으로
도서출판 아침이 소유합니다.
저작권법에 의해 한국 내에서 보호를 받는 저작물이므로
무단전재와 무단복제를 금합니다.

소리의 은하계

야마다 도요코(山田登世子) 지음
이창종 옮김

아침

<목차>

제1장 미디어의 세상 이야기

──────────────── 1. 소리의 공동체 / 9

소리의 공동체 / 여성적인 장치 / 왕의 신체와 「소리의 극장」 /
부르주아의 섬[島] / 소리의 정복 / 공공(公共)의 소리 /
믿음과 반복 / 메아리의 행방 /

──────────────── 2. 왕을 죽이고 <나>를 말한다 / 38

암살자라는 영웅 / 또 하나의 왕 살해 / 이름의 전설 /
종이의 왕국 / 「유명인」의 탄생 /

제2장 여자들의 침묵

──────────────── 3. 얼굴의 담화 / 55

얼굴의 디스커뮤니케이션 / 목소리와 얼굴 /
얼굴의 모데르니테 / 모드(mode)의 얼굴 /

──────────────── 4. 소리 없는 방 / 80

여러 가지 침묵 / 「글」을 사랑한다 /
기분 전환으로서 독서로 / 소리의 망령 /

──────────────── 5. 책 읽어 주는 여자 / 96

제3장 전화의 유혹

──────────────── 6. 사랑하는 전화 / 105

텔레프레젠스 / 「목소리」라는 당신 / 플라토닉 러브 /
소리의 선물 / 이토록 부드럽게 /

─────────── 7. 콜걸 / 117

**사랑의 탐정 / 탐정은 전화를 사용한다 /
콜걸 / 더티 라인 / 그 소리 /**

─────────── 8. 소리의 유토피아 / 135
[1] 미디어의 테러 / 135
머나먼 것 / 수공업의 우주 / 대중의 속도 /
[2] 여자처럼 경박한 / 144
퍼스널 / 얼굴 없는 목소리 / 오로지 현재 /
[3] 소리의 유토피아 / 155
전화의 절대 민주주의 / 아웃 오브 더 월드 /

제4장 지극히 높은 곳

─────────── 9. 에로스보다 더 감미로운 / 165
[1] 성, 이 잔혹한 것 / 165
목소리의 성 / 탄식의 용기(容器) / 눈물의 찬미 /
[2] 사랑의 목소리 / 178
**「사랑의 목소리」혹은 거세 가수 / 처음에 사자(死者)가 있다 /
에로스보다 더욱 감미로운 /**

─────────── 10. 밤의 소리 쪽으로 / 194
소프라노의 태양 / 날것 / 외부의 소리 / 잃어버린 힘 /

─────────── 11. 지고성(至高性) / 208

저자 후기
역자 후기
인용・참고문헌

소리의 은하계

제1장 미디어의 세상 이야기   1. 소리의 공동체
                                     2. 왕을 죽이고 <나>를 말한다

제2장 여자들의 침묵   3. 얼굴의 담화
                                     4. 소리 없는 방
                                     5. 책 읽어 주는 여자

제3장 전화의 유혹   6. 사랑하는 전화
                                     7. 콜걸
                                     8. 소리의 유토피아

제4장 지극히 높은 곳   9. 에로스보다 더 감미로운
                                   10. 밤의 소리 쪽으로
                                   11. 지고성(至高性)

1. 소리의 공동체

소리의 공동체

공허한 마음에 소리가 부른다. 소리는 <나>를 부른다. 머나먼 저편에서 들려오는 목소리, 그리고 나의 내밀(內密)한 곳에 울리는 목소리. 목소리의 불가사의한 그리움.

전화벨이 울린다. 누군가의 목소리가 나를 부르고 있다. 누가 부르고 있는 것일까…. K, N, S, 그렇지 않으면 T? 누구든 간에 내가 수화기를 들 때에 들려오는 것은 「사랑의 소리」밖에 달리 없다. 전화벨은 사랑을 바라고 울려 퍼진다. 전화는 집요하게 응답을 받을 때까지 그치는 적이 없다. 응답을 주고받는 사랑의 소리가 들려올 때까지 전화벨은 비명처럼 계속 울린다.

아무리 봐도 전화로 주고받게 되는 것은 「사랑의 언어」다. 이렇게 말한 사람은 맥루한(Marshall Mcluhan, 1911~1980, 캐나다 출신 영문학자, 미디어 연구가. 그는 오늘날 미디어 연구의 초석을 놓았을 뿐 아니라 인문학 전반에 걸쳐 많은 영향을 주었다-역자)이다.

맥루한의 『미디어론』은 말하고 있다. 「어째서 전화는 저렇게 강렬한 고독감을 불러일으키는 것일까. 어째서 사용(私用)이 아닌 전화라도, 울리면 자기에게 걸려 온 것이 아니라는 것을 알고 있어도 받지 않으면 안 된다는 기분이 되는 것일까.」그것은 「전적으로 전화가 참가적(參加的) 형태라는 점 때문이다. 즉, 전화는 전기의 음과 양, 양극이 갖는 그 집요함으로 파트너를 요구하는 것이다.」

맥루한이 말한 대로 오감(五感) 중에서도 소리와 귀는 「참가형」가운데 으뜸가는 것이고, 전화는 우리의 모든 감각을 포괄하는 「일종의 초감각적 지각」이다. 시각이 일방적인 것에 대해서 청각은 쌍방향적이고, 또 포괄적이다. 맥루한의 말대로 하자면 책과 영화는 수동적인 감상을 강요하는 「뜨거운 미디어」고, 전화와 TV는 청·촉각을 확장하여 전신적(全身的) 참가를 재촉하는 「차가운 미디어」인 것이다. 책이 사람을 격리해서 고독한 내면성으로 이끄는 것에 비해, 「집요하게 쉬지 않고 파트너를 구하는」전화의 참가성은 실로 두드러져 보인다.

내 방에서 당신 방에서 전화벨이 울려 퍼지고, 호텔에서 거리에서 도시 여기저기에서도 전화벨은 울려 퍼지고 있다. 우리는 이미 전화 없는 세계는 상상할 수조차 없다….

이렇게 보면, 확실히 맥루한의 예언이 현재를 그대로 예측해서 알아맞혔다고 말하지 않을 수 없을 것이다. 시각이 전제적(專制的) 힘을 발휘했던 구텐베르크의 은하계는 바야흐로 종식을 고하고, 일렉트로닉(전자 공학)의 「청각·촉각」적인 교감이 사람들을 감싸 버림으로써 「전기 시대에 우리는 전인류를 자신의 피부로 두르고 있는」것이다. 사람을 고립화하고 내면화하는 활자 미디어 대신, 우리를 순식간에 묶어 놓고 포합(包合)하는 전기 미디어 시대가 도래한 것을 고한 것이다. 주체와 대상을 분리하는 「시각」의 전제(專制)는 양쪽 거리를 폐절(廢絶)하는 「청각·촉각」의 전제로 바뀐다. 이것은 이미 현대를 사는 상태(常態) 그 자체일 것이다. 전화와 TV가 책을 능가하고, 소리의 힘이 문자의 힘을 깨뜨리고 있는 것이다.

내가 책을 읽고 있는 방안에서 전화벨이 울린다. 나는 책을 잊고 상대의 목소리에 응답한다. 비록 사무적인 대화일지라도 나와 상대가 나눈 것은 분명히 「사랑의 말」이다. 내가 귀기울여 상대방의 목소리를 듣고, 상대 또한 내 목소리에 집중했기 때문이다. 문자가 거리를 만들어 낸 것에 비해, 소리는 거리를 무화(無化)시키고 사람과 사람을 하나로 묶는다. 결국 맥루한이 말한 일렉트로닉스 지구촌은 소리의 유토피아고, 소리의 공동체인 것이다.

전화, 정말로 그것은 소리의 공동체에 걸맞은 장치다. 전화벨은 울려 퍼진다. 누군가의 「사랑의 소리」를 찾아서, 그 소리는 집요하게 파트너를 찾아 계속 부른다….

K, N, S… 전화는 누구로부터라도 걸려 온다. 그리고 그것 이상으로, 어디에서라도 걸려 온다. 베를린에서 걸려 온 K의 전화 후, 나는 집에서 500미터 정도 앞에 있는 N에게 전화를 걸었고, 그 전화를 끊고 몇 분 지나지 않아서 이번에는 교토(京都)의 S로부터 전화가 걸려 왔다.

확실히 전화는 거리를 폐절(廢絶)하고 지구촌을 만들어 낸다. <소리의 공동체>는 장소로부터 유리(遊離)하고, 장소를 무화(無化)하는 텔레토피아다.

이렇게 해서 활자 문화 시대였고 「편집자의 권위의 시대」였던 19세기 근대의 종언과 함께 소리의 공동체가 부활하고 있다. 그렇다, 부활이라고 말하지 않으면 안 된다. 다카야마 히로시 (高山宏, 1947~ , 근대 사회의 표상을 둘러싼 모든 현상에 대해 평론 활동을 전개하고 있는 학자. 동경도립대학 영문과 교수 – 역자)가 말한 것처럼,「맥루한의 정보론의 독창적인 점은 중세 스콜라 철학에 대한 편애(偏愛)를 감추지 않는다는 것」이기 때문이다.『구텐베르크의 은하계』에서든 『미디어론』에서든, 맥루한은 중세적인 청각 사회에 대한 노스탤지어를 조금도 숨기려 하지 않고, 그 시점에서 근대의 시각적인 활자 문화를 비판하고 있다. 이 복고조(復古調)는 또 한 사람의 소리의 문화론자인 옹(Walter J. Ong ; 1912년 캔자스시티에서 출생, 고전학자, 영어학자. 인간의 언어와 사고의 관계를 규명하려고 한 그의 연구는 맥루한에게 많은 영향을 주었음. 세인트루이스대학 명예 교수-역자)에게서 더욱 명쾌하게 나타나, 옹의『소리의 문화와 문자의 문화』는 전근대(前近代)의 소리의 공동체를 현양(顯揚)한 문서로 볼 수 있다. 잃어버린 소리로의 회귀(回歸), 이것이 맥루한과 옹에게 정말로 명백한 톤(음조)일 것이다.

맥루한이나 옹이 모두 종교인(맥루한도 옹도 천주교 신자임-역자)인 것을 생각하면, 그건 별로 이상한 것도 아니라고 말해야 할지 모른다. 예를 들면, 옹은 쓰여 있는 말을 비판하고「살아 있는」말인 소리의 우위를 말하는 것에, 명백하게『성서』를 인용하고 있다.「문자는 사람을 죽인다. 그러나 영혼은 사람을 살린다.」(『고린도인에게의 제2 편지』) 소리의 공동체의 기원 내지 근원을 이루는 것은 신이 하는 말이고, 신의 목소리인 것이다. 그러나 불가사의라고도 해야 할 것은, 그런데도 옹이나 맥루한 모두에게서 소리의 또 하나의 차원-활자 문화에 의해서 잃어버린 차원-에 대한 언급이 거의 발견되지 않는다는 것이다.

소리의 또 하나의 차원, 그것은 <권위>다. 신은 소리고, 소리를 통해서 스스로를 말한다. 이것 또한 옹이 바울을 인용하여「신앙은 듣는 것에 의한다」(『로마인에게의 편지』)는 것이고, 신이란 「듣는」 대상이다. 그리고 이때에 신의 소리를 듣는다는 것은 신의 말을 「듣고 복종한다」는 것이 아닐 수 없다. 예를 들어, 바르트(Roland Barthes, 1915-1980, 프랑스의 문학 연구가, 기호학자-역자)의 청취론을 상기해도 좋을 것이다. 『제3의 의미』에 실려 있는 「듣는 것」에서 바르트는 말하고 있다. 「듣는다 함은 특히 복음적(福音的)인 동사다. 신앙의 도착지는 신의 말을 청취하는 것이다. 왜냐하면 이 청취에 의해서 처음으로 인간이 신에게 연결되기 때문이다.」 듣는 것을 통해서 사람은 지고(至高)의 권위에 접한다. 소리는 사람을 따르게 하는 것이고, 사람을 다스리는 권위인 것이다. 이 권위로서 소리가 있기 때문에 종교 공동체가 바로 공동체의 모양을 이루는 것임은 말할 필요도 없을 것이다.

그런데 이상하게도 종교인인 맥루한이 말하는 소리의 공동체에는 이러한 권위론이 결여되어 있다. 그리고 이렇게 결여된 것 -그가 현양(顯揚)하는 청각적 공동체-이야말로 현대 미디어 사회에 적합한 것이다. 왜냐하면 전화에 의해서 만들어진 소리의 공동체에 가장 결여되어 있는 것이야말로 「권위」이기 때문이다.

전화의 공동체에 없는 것, 부재(不在)이기 때문에 이렇게까지 손쉽게 순식간에 공동체가 형성되게 하는 연유인 것, 그것은 권위다. 따라서 일렉트로닉스의 소리의 공동체는, 권위 없는 사랑의 공동체라고 고쳐 부르지 않으면 안 될 것이다.

전화는 나를 부른다. 전화벨은 사랑을 찾아서 울려 퍼진다. 나는 수화기를 들고, 사랑으로 서로 응답한다. 전화는 <나>의 확장이고, <당신>의 확장이고, 나와 당신은 분명히 전화로 사랑의 말밖에 할 수 없는 것이다. 귀에 들려오는 당신의 소리는 나의 모든 감각을 휘감고, 나를 감싼다. 전화로 말하고 있는 동안 사람은 잠시 소리의 유토피아의 일원이 되고, <사랑의 공동체>의 일원으로 바뀐다. 그것도 순식간의 스피드로….

권위 없는 사랑의 공동체-맥루한의 「지구촌」-는 권위론을 결여함으로써 틀림없이 현대를 예언했던 것이다.

여성적인 장치

신체, 그곳으로 돌아가서 얘기해야 할 것이다.

모든 테크놀로지는 신체의 확장이다. 알려진 대로 이것이 맥루한의 미디어론의 골격이다. 확장된 신체, 그 때문에 「지금 여기」에 존재하지 않는 신체는 불가피하게 권위의 부재를 불러일으킨다. 여기에서도 전화는 웅변이다. 전화의 소리란 「부재자」의 소리다. 사람은 보이지 않는 상대를 향해서 소리를 낼 수밖에 없다. 이 신체의 부재에 의해서 전화는 일체의 권위를 배제해 간다. 전화의 소리는 경박함을 불러일으키고, 무책임성을 증대시켜 범죄를 끌어들이고, 「유흥」을 불러일으키면서 지구를 뛰어 돌아다닌다. 신체의 부재, 따라서 권위의 부재인 텔레토피아는 온갖 장난질을 향해 열려 있는, 「가벼운」 것일 수밖에 없다. 전화의 커뮤니케이션의 이 가벼움이야말로 어째서 그것이 「여자들」에게 적합한 미디어인가를 설명해 주는 것이다. 실제 권위 없는 <사랑의 공동체>는 여자들의 공동체일 수밖에 없다고 해도 과언이 아닐 것이다. 사랑을 추구하고 권위를 배제하는 소리의 커뮤니케이션, 그것은 상대와 공진(共振)하면서 어디까지나 가벼운 것으로 존속하는 공동체다. 이 가벼운 공동체는 권위를 구축(驅逐)하면서 지구를 뛰어 돌아다닌다.
 전화의 한없는 가벼움. 그렇게 나와 당신은 전화로 「사랑의 말」밖에 교환할 수 없다고 앞에서 언급했다. 나와 당신은 전화로 사적인 말을 나눈다. <나>의 연장인 수화기를 잡으면서 나는 내 신변에서 일어난 일을 말한다. 전화는 정말로 개인적인 미디어고, 본질적으로 「수다」를 위한 미디어인 것이다. 예를 들면, 말하기 중에서 가장 전화에 어울리지 않는 것은 「연설」일 것이다. 연설은 거리가 있는 상대에게 말을 거는 양식이다. 그러나 전화는 확실히 그 거리를 폐기하고 「친밀한」 소리들에 사용되는 장치다. 연설의 소리는 투쟁하지만 전화의 소리는 투쟁성과 가장 멀다. 사람이 전화로 교환하는 것은 아무리 해도 「사랑의 언어」밖에 없다…. 앞서 기술한 사랑의 공동체는 이런 의미로 <여성적>인 공동체라고 바꿔 말해도 좋을 것이다. 그것은 투쟁과 가장 멀고 사랑에 가장 가까운 미디어일 수밖에 없는 것이다.
 그리고 이 사랑의 공동체는 널리 「불성실」을 허용하는 공동체다. 전화는 어디서부터라도 걸려 온다. 누구에게서라도 걸려 온다. 나는 전에 K에게 말한 것과 반대인 것을 M에게 말한다. 또는 M에게는 말하지 않은 것을 S에게는 말한다…. 살아 있는 신체가 부재(不在)인 곳에서는 권위 있는 규칙 또한 부재인 것이다…. 리처드 세닛(미국의 문화 사회학자-역자)의 『공공성의 상실』에서 말한 대로, 근대에 시작된 사적(私的) 영역의 터무니없는 확대 움직임은 이제 현대를 지배하고 있고, 이것은 확실히 「친밀성의 전제(專制)」가 되었다. 전화라는 미디어에 의한 사랑의 공동체는 그중 가장 명백한 표현의 하나일 것이다.
 이 사태를 이렇게 바꾸어 말하는 것이 가능할지도 모른다. 권위의 부재는 결국 「남성성」의 부재를 불러들이는 것이라고. 왜냐하면 권위 있는 신체성은 특히 남성적인 신체에 연관되는 것일 수밖에 없기 때문이다. 예를 들어, 신체의 미적 코드가 특히 여성의 신체에 연관되는 것이라는 점과 대조적으로, 권위성이라 하는 코드를 두르고 그것에 의해서 총괄되는 것은 특히 남성의 신체다. 그 같은 권위성을 두른 신체가 테크놀로지로 바뀌었을 때, 「남자의 시대」는 종언을 맞이할 수밖에 없다고 말해도 좋을지 모른다. 종교인인 맥루한은, 의도한 것은 아니었지만 권위 없는 공동체를 예언하고, 여성적인 시대의 도래를 예언했던 것이다.

왕의 신체와 「소리의 극장」

권위는 사람을 믿게 하고, 복종시키고, 행위를 조직화하는 것이다. 권위란 「통치」하는 것이다.

권위 있는 신체는 통치한다. 그러면 우리는 또 한 가지, 맥루한에게 결여돼 있는 영역을 눈치채지 않으면 안 된다. 중세적인 소리의 공동체에 대한 향수를 숨기려 하지 않는 맥루한이 거의 언급하지 않고 있는 것, 그것은 「왕정(王政)」이다.

왕은 신체에 의해서 통치한다. 그 가장 현저한 예가 루이 14세의 궁정 사회인 것은 말할 필요도 없을 것이다. 엘리어스의 『궁정 사회』에 자세하게 나온 대로, 루이 14세는 신체를 통해서 통치했다. 왕의 신체는 베르사이유 성의 중심에 위치하여, 성에 사후(伺候)하는 귀족들의 규정 모두를 총괄하고 있다. 근접하기 어려운 왕의 신체는 틀림없이 광배(光背)로 충만한 권위, 그것이다. 벤야민(Walter Benjamin, 1892~1940, 유태계 독일 평론가. 벤야민의 사상은 간단하게 정리하기 어려울 정도로 철학, 문학, 역사 등 다양한 영역에 걸쳐 있고, 현대 문화 이론의 거의 모든 분야에 영향을 미치고 있다. 주저『복제 기술 시대의 예술 작품』-역자)에 의한 광배의 정의가「아무리 근접해도 아득한 감이 있는」예배적 가치였던 것을 상기하자. 루이 14세의 신체는 그 같은 예배적 가치를 소유한 신체로서 광휘를 발하면서 군림하고 있었다.

그러나 왕의 신체는「말하는」신체라기보다,「춤추는」신체였다. 왕권을 권위 있게 한 것이 이미 비지상(非地上)적인 신의 목소리는 아니다. 베르사이유의 궁정 문화는 신의 권위를 멀리하면서 그 자체로 완결하는, 지상(地上)적인 권위 코드를 창출한 것이라고 말할 수 있다. 거기에 성립한 것은 왕의 신체를 중심으로 한 축제 공간이고, 그 축제 공간에 빠질 수 없던 것이 목소리의 연주였다. 목소리의 연주, 즉 오페라다. 오페라에 있어서 중요한 것은 목소리와 더불어 목소리를 포함한 악곡 전체고, 그 악곡과 함께 춤추는 신체였다. 루이 14세가 스스로 춤추고 오페라를 조직화했던 것은 이미 널리 알려져 있지만, 결국 바로크 시대란 특히 오페라 시대였던 것이다.

거기에서 권위는 연기적인 것으로서 한 번씩「상연」되는 것이다. 의상에서 무도(舞踊)에 이르기까지 권위는 미적인 것과 구별하기 어렵게 연결되어, 권위의 공간은 곧 미적인 극장 공간으로 조직되어 있다. 말하자면 왕정적인 권위는 상연성이고, 극장성인 것이다. 이 왕의 극장은「참가적」이고, 게다가「일회적」인 것이므로 틀림없이「소리의 문화」쪽에 위치하고 포함된다. 즉, 그것은 복제가 불가능한 것이다. 살아 있는 신체가 중심을 이루고 있는 한 복제 불가능은 너무 당연한 성격이겠지만, 기묘하게도 맥루한에게는 이러한 「왕의 오페라」에 대한 언급이 거의 없다.

　아니, 그것은 기묘하다고 말하기보다 오히려 당연하다고 말해야 할 것이다. 그 이유는 맥루한이, 그리고 그 이상으로 옹이 관심을 기울인 전근대의 「소리의 문화」는 왕정－적어도 베르사이유 왕조－에 집착하지 않기 때문이다. 옹이 강조하고 있듯이 살아 있는 현재와 결부되어, 상황 의존적인 소리의 문화는 실천적이고, 거듭 말한다면 「투쟁적」인 것이기 때문이다. 웅변술이나 수사법도 소리에 의한 투쟁이고, 살아 있는 자의 사활(死活)이 거기에 걸려 있다. 확실히 소리는 시각과 틀려서 사람들을 한데 묶어 포괄하지만, 그것은 반드시 「평화」를 의미하지는 않는다. 오히려 살아 있는 신체가 내는 소리는 그때마다 정세와 대결하고, 활로를 개척하며, 해결을 다투는 「투쟁성」을 갖고 있다. 예를 들어, 그리스의 변론술은 그 전형적인 예일 것이다. 이것에 대하여, 루이 14세의 궁정 문화에서 가장 결여되어 있는 것이야말로 이 투쟁성이다. 무훈(武勳)을 의무로 하고 전쟁을 의무로 한 봉건 영주가 궁정 귀족화할 때, 「소리의 문화」는 그 투쟁성을 상실하고 연극화된 것이다.

　그러나 그 중세 문화든 왕정이든, 어느 쪽에 있는 것도 「살아 있는 신체」고 복제 불가능한 신체다. 이 신체를 죽이는－복제 가능한 기술로 넘겨줌으로써 그 광배(光背)를 상실하게 하는－것, 바로 그것이 인쇄 기술이다. 옹이 기술한 대로 「문자는 사람을 죽인다.」 문자와 더불어 문인(文人) 시대가 도래하고, 자본가 계급의 시대가 막을 연다. 「서기 행위(書記行爲)」는 철저하게 부르주아적 기도(企圖)인 것이다. 부르주아적 근대와 함께 문자가 제패를 하고, 「소리」는 주변화되어 간다.

부르주아의 섬[島]

균질적인 획일성과 반복 가능성 — 인쇄 기술이 만들어 낸 것 —
은 무엇보다 기계적인 조작과 반복이다. 이 산업적인 기술이 소
리의 비균질성(非均質性)과 일회성(一回性)을 물리쳐 간다. 쓰
여진, 또는 인쇄된 말은 균질한 공간을 만들어 내고, 여기저기
서 규격성으로 장악해 간다. 이러한 대량 생산의 산업 문화와
함께 소리를 대신하여 눈[眼]이 우위를 점하고, 청각에 대신하
여 시각이 우위에 선다.

이 시각 우위의 특징은 사람들을 「분리하는 것」이다. 그것은
부동의 「시점(視點)」을 정해서 주체와 대상을 분리하고, 정연
한 추상적 시스템을 만들어 낸다. 활자적(活字的) 균질성은,
소리에 동반하는 임의의 움직임과 사건성을 배제하는 것이다.
「발화되는 말은 모든 감각을 극적으로 끌려들게 하지만, 고도
의 문자 문화인은 가능한 한 대상과 거리를 두고 초연히 말한
다.」 결국 시각은 「거리(距離)」를 만들어 낸 것이고, 개개인
을 분리시켜 내면을 만들어 내고, 프라이버시를 만들어 낸다.
문자 문화와 더불어 집단으로부터 고립된, 고독한 내면 세계
가 탄생한 것이다. 이 점은 『구텐베르크의 은하계』에서 이미
잘 알려진 주장이기 때문에 여기에서 상세하게 반복할 필요가
없을 것이다.

오히려 강조해야 할 것은, 이러한 인쇄 문자 문화의 부르주아
성일 것이다. 「서기 행위」는 귀족 문화나 민중 문화의 것이 아
니라 부르주아의 것이다. 역사가인 세르토(Michel de Certeau,
프랑스의 역사학자—역자)가 말한 「글의 이코노미」는 그것을 강조

한다. 세르토는 말한다. 쓰는 것은 「소리와 전통의 마술적 세계에서 스스로를 분리하여 구별하기」위한 실천이고, 부르주아적 실천이라고. 「근원은 이미 음성으로 말해진 것이 아니고, 텍스트적인 것을 생산하고 그리고 또 사회를 텍스트로서 생산하려고 하는 다양한 활동이며, 소리가 들리지 않는 활동인 것이다.」 소리가 들리지 않는 활동, 그것은 산업적 노동-물론 근대적인-이다. 쓴다고 하는 이 근대적 노동은 균질적이고 획일적인 공간을 만들어 내며, 그 공간을 제어하는 「주체」를 만들어 낸다. 세르토의 스크립트론(書記論)은 옹과 맥루한의 문자 문화론과 겹치면서, 그 부르주아성을 한층 명확하게 하고 있다.

우선, 첫째로 있는 것은 하얀 페이지다. 어느 「청결하고 고유한」 공간이 주체 생산의 장소를 획정(劃定)한다. 그것은 세계의 애매함이 깨끗이 닦인 장소다. 그것은 주체가 활동적인 권역으로부터 몸을 빼내어 거리를 두고 있는 것을 전제로 한다. 그것은 부분적이지만 제어 가능한 조작에 완전히 맡겨지고 있는 장소다. 주체가 소리에 따라붙는 전통적인 우주 안에 한 줄기의 균열이 생긴다. 하나의 자립한 표면이 주체의 눈앞에 놓여지고, 이렇게 해서 주체는 자기에게 고유한 행위를 위한 장소를 갖춘다. 서기 행위(書記行爲)의 장소와 함께 객체-대상-에 대한 주체의 제어-및 고립화-가 시작된다. 데카르트적인 구분의 몸짓. 각자 백지를 앞으로 하면서 어느 아이도 이미 공업적인 것, 도시 공학적인 것, 또는 데카르트 철학적 포지션에 따르고 있는 것이다. 청결하고 확연하게 구분된 공간, 고유의 것을 원하는 의지가 발동해 가는 포지션으로.

조작이 가능한 공간이나, 주체와 대상의 분리나, 주체의 고립화나, 세르토의 서기론(書記論)은 『구텐베르크의 은하계』의 에센스와 서로 겹친다. 「소리의 마술적 세계」를 쫓아내기 위해서 부르주아는 「쓰는 것」을 스스로 규범적 실천으로 한 것이고, 인쇄된 문서는 「서구(西歐) 중심으로 성립된 세계의 내부 규범」인 것이다. 지고의 화자(話者)였던 신이 죽음으로써 성스러운 서기 행위(書記行爲)가 이미 「들리지 않는」 것이 된 근대를, 소리를 잃은 침묵의 세계를, 쓴다고 하는 소리 없는 노동이 제패하여 간다. 근대의 지배적인 서기 행위는 「이미 말하는 것이 아닌, 제조되는 것으로 바뀌어 간다」는 것이다.

소리의 정복

마찬가지로 예수회 수사(修士)이면서, 세르토 쪽이 중세 복고적인 옹보다 한층 성스러운 것에 가까운 곳, 권위 있는 소리에 가까운 곳으로부터 서구 근대의 활자 문화를 말하고 있다고 할 수 있지만, 그 세르토가 말하는 로빈슨 크루소론은 근대의 「글의 이코노미」론으로서 흥미가 깊다. 격리된 장소인 「섬」과, 로빈슨이라는 주체에 의한 사물의 시스템의 생산, 그리고 「자연」 세계의 전환이라고 하는 세 가지 점에서 『로빈슨 크루소』는 「서기 행위에 대한 소설」이고, 부르주아적 근대 신화의 모델 역할을 다하고 있다고 세르토는 말한다. 다니엘 데포는 결국 부르주아적 활자 문화의 산물이고, 대량 생산되는 소설 시대의 선구자고, 소리 문화의 제압자라고 해야 할 것이다.

그리고 로빈슨은 프라이데이의 「교육자」다. 그는 야생의 신체에 교육을 베풀어 준 「민주주의자」, 즉 신체의 조련자인 것이다. 규격화된 활자 지면이 생산되는 공업화 시대는 신체, 그것이 규격화되어 조련을 가하게 되는 「교육」의 시대다. 책의 시대인 19세기는 결국 야생의 신체가 문명화되는, 공중위생학의 19세기인 것을 상기하자. 활자 인쇄의 제패는 야생의 신체를 「노동하는」 신체로 바꿔, 신체를 규격화하여 산업 사회에 걸맞은 것으로 변화시켜 간다. 교실에 늘어서서 읽고 쓰기를 배우는 아이들은 한 사람 한 사람에게 근면한 로빈슨으로 변해야 하는 소정의 포지션이 달려 있는 것이고, 그들은 책의 생산 예비군인 동시에 노동력 상품의 예비군이다. 활자 문화가 석권한 서구 근대는 신체 그것을, 「정연하게 한」 활자처럼 규격화했던 것이다. 반복이 가능하고, 획일화되고, 대량 생산되는 것은 책뿐만 아니라 신체 그 자체이기도 하다. 그들의 순종적인 신체를 불러 모아 「따르게 하는」 것이 이제는 권위-소리-가 아닌, 산업인 것은 새삼 말할 필요도 없을 것이다.

이렇게 해서 근대와 더불어 소리는 주변화되어 간다. 사람을 따르게 하고 믿게 하는 권위인 소리는 이미 들리지 않는 것으로 바뀌었다. 산업화와 도시화가 진행된 근대는 「닫힌」 침묵의 영역으로 이루어진 세계다. 「섬」이란 사무실인 동시에 집이고, 어느 곳이나 근대적 주체가 사는 장소다. 프라이버시가 지배하고, 거리에서 홍청거리는 소리는 이제는 확고한 공동성(共同性)을 가질 수 없다. 프라눌(유보자(遊步者)-역자)들이 산보하는 작은 길이든 넓은 가로수 길이든, 거기에서 귀에 들려오는 소리는 산만한 환락의 소리고, 스쳐 지나가는 소리다. 소리는 친밀성을 잃고, 이제는 사람들을 연결하는 힘을 갖지 못한다. 맥루한식으로 말한다면, 「이야기」가 사람들을 연결하고 소문이 살아 있는 유대(紐帶)로서 기능을 하고 있던 농촌 생활은 해체되어 가고, 「차가운」 시골 대신에 「뜨거운」 도시 생활이 넓어져 간다. 음악 연주회나 미술 전람회, 모두 참가형에서 감상형으로 변해 간다. 결국 「닫힌」 시스템이 증식을 이룩해 가는 것이다.

그 중에서도 책은 닫힌 시스템의 으뜸일 것이다. 책 그 자체가 뜨거운 미디어의 으뜸으로서 「닫힌 것」이고, 「섬」이고, 다양한 로빈슨들이 쓴 그 책을 독자는 혼자 실내에서 읽는다. 벤야민이 말한 「실내」의 세기, 소리 없는 방안에 틀어박혀서 독자는 책을 마주한다. 집 안에서 여자들이 책을 읽고, 차 안에서 승객들이 각각 책을 읽는다. 방과 차 안이라는 격리된 공간-섬-안에, 책이라고 하는 또 하나의 격리된 섬이 있다. 묵독(默讀)이 지배적인 행동이 되어 사람들로부터 소리를 빼앗고, 사람들을 시각화해 간다.

이렇게 해서 세속화한 부르주아 세계로부터 「권위」는 조용히 멀어져 간다. 시각의 세기인 근대, 사람들은 「보이는 것」을 믿고, 「보이지 않는 것」을 비과학적인 것으로 멀리한다. 세르토식 표현을 빌린다면, 권위가 여행을 떠남으로써 세속 세계를 빈집으로 만들고 있다.

공공(公共)의 소리

그런데도 그렇게 해서 활자 문화가 승리하여 우쭐대고, 권위라고 하는 문제가 수면 아래로 잠겨 버린 것 같은 19세기, 아니 20세기 미디어 사회에 이르기까지, 권위라는 문제는 「신빙성」이라는 이름 아래서 살아가고 있다고 말하지 않으면 안 된다.

신빙성, 사실 그것을 빼고 미디어는 생각할 수 없는 것이다. 매스 미디어와 신빙성은 분리하기 힘들게 결합되어 있다. 저널리즘은 근대 신빙성의 소재를 말하기 시작하기에 꼭 알맞은 형식의 미디어인 것이다.

실제 맥루한의 『미디어론』은 「미디어는 메시지다」라는 모두(冒頭)의 탁선(託宣)이 가장 유명한 것으로 받아들여지고 「뜨거운 미디어·차가운 미디어」 등의 장(章) 부분만을 골라서 논하는 경향이 있지만, 오히려 빼어난 것은 「사진」과 「광고」라고 한, 개별적인 미디어를 채택한 각론(各論) 쪽에 있다고 해도 과언이 아니다. 예를 들면, 「신문」의 항목은 뛰어난 통찰로 가득하고, 미디어의 신빙성에 대해 실로 많은 것을 가르쳐 준다. 거기에서 우선 의미가 깊은 것은, 소리의 압살자(壓殺者)로서 인쇄물을 그토록 비판하는 맥루한이, 그 인쇄물을 소리 차원에서 말하고 있는 것이다. 그는 말한다. 「책이나 신문 모두 그 성격은 고백이다.」 「책이 하나의 <시점>을 갖춘 개인적인 고백 형태인 것에 비해, 신문은 공공적 참가를 재촉하는 집단적 고백 형태인 것이다.」

고백, 정말 그것은 지금까지 소리의 몸짓을 멈추게 했던 표현이다. 확실히 책을 읽는 독자는 작가의 고백을 듣는 것이고, 소설은 그러한 내면적인 장르로부터 시작되었다. 루소를 상기하는 것만으로도 충분할 것이다. 게다가 루소의 『고백』은 「여기에 쓰여진 것은 모두 진실이다」라는 믿음의 표명으로 시작하고 있다. 루소는 자기 고백의 진실성을 서약하고 있는 것이다. 베르사이유 정치의 연극성-권위 있는 신체-에 대항했던 루소는, 지상에 없는 성스러운 소리에 의해 스스로의 말의 신빙성을 지탱하고 있는 것이다.

이에 대해 같은 고백이면서「공공적 고백」인 신문에서는, 신빙성은 성스러운 것과는 전혀 다른 것, 성스러운 소리가 완전히 부재(不在)한 것으로 나타난다. 여기에서 맥루한의 신문론이 흥미 깊은 것은, 같은 인쇄물이면서 책과 신문을 대극적(對極的)인 것으로 자리매김하고 있기 때문이다. 즉, 인쇄물이라도 신문은 끝없이 TV-청각적·촉각적 문화-에 가까운 미디어인 것이다.「전신 기술을 활용한 대중지는 이미 TV 영상의 모자이크적 성격을 선취(先取)한」것이라고 맥루한은 말한다. 즉 여기에서 가장 중요한 것은, 활자인가 또는 전기인가 하는 테크놀로지의 구별보다 <모자이크>라고 하는 미디어의「형태」인 것이다. 사실 신문은 여러 이야기의 단편 모음-TV와 같은 형태-으로 되어 있고, 그 모자이크성을 형태적으로 과시하고 있다. 신문의 조합(組合) 방법은 책의 활자의 단일성과 균일성으로부터 가장 동떨어진 것이다. 제작자는 지면이「희게」되는 것을 피하게끔 레이아웃을 궁리한다. 그 형태적인 모자이크성이, 같은 인쇄물이면서도 신문을 책으로부터 멀리하고, TV와 잡지 등의 촉각적이고 전자적인 미디어에 한없이 가깝게 하고 있는 것이다.

말을 바꿔서 이렇게 말해도 좋을 것이다. 신문에 있어서 중요한 것은, 거기에 인쇄되어 있는 정보의 내용이 아니라 정보의 조합 방법이라고. 마치 TV에서 중요한 것이, 제공되는 프로그램의 내용이 아니라 시청자를 끌어들이는 모자이크적 도상성(圖像性)인 것과 꼭 같은 형태로. 사실 미디어는 메시지라고 하는, 맥루한의 명제의 최대 포인트는 미디어는 정보의「내용」이 아니고「형태」라는 것이다. 신문은 유감없이 그것을 증명하고 있으며, TV는 그것을 더욱 단적으로 증명하고 있다.

사실 신문은 무엇보다 글의 <모자이크>다. 그 모자이크성을 제거하면 신문은 이내 책이 되어 버린다. 「신문 안에서 단지 하나, 책의 특징을 띠고 있는 사설은 뉴스나 의견 광고의 형태를 취하지 않는 한 이미 무시당하게 된 지 오래다.」 맥루한의 이 고찰은, 30년 후인 현재를 너무나 훌륭하게 예언하고 있다고 말하지 않을 수 없지만(현재 사설을 읽는 것은 수험생뿐이라는 어느 신문 기자의 말이 생각난다), 그 사설의 형태에서 가장 먼 형태가 바로 신문의 형태다. 그리고 사람들의 호기심을 자극하여 신문을 읽게 하는 것은, 무엇보다 이 모자이크적 형태인 것이다.

「인간적 흥미(human interest)」라는 술어(術語)가 의미하는 것은 다양한 책의 페이지, 혹은 다양한 정보를 한 장의 지면에 모자이크 모양으로 배열한 경우에 저절로 생기는 사항을 말한다. … 신문에 그 복잡한 양상을 갖는, 인간적 측면으로서 흥미라고 하는 성격이 더해지는 것은 다양한 정보를 병렬하여 매일 사회에 폭로하고 있기 때문이다.

신문은 사건을 폭로하고 세상에 고백한다. 「신문은 활동하고 상호 작용하고 있는 공동체 내막의 이야기(inside story)를 생산해 내는」 것이다. 공동체 내막의 이야기, 그것이 바로 신문이다. 즉, 그것은 인쇄물이면서 TV에 가깝고, 소리에 가까운 미디어인 것이다. 바꿔 말하면, 이것은 신문이라고 하는 활자 미디어뿐만 아니라 TV와 신문·잡지로 대표되는, 이른바 매스컴 전반의 성격에 관련되어 있다고 말해도 좋을 것이다. 우리가 TV를 「본다」고 하기보다 오히려 「느낀다」고 하는 것과 같이, 신문 또한 「느끼는」 미디어인 것이다. 투서(投書)라는 참가성을 갖고 공공(公共)에 「열려진」 신문은 「닫힌」 책보다 훨씬

TV에 가까운 것이고, 요컨대 그것은 공동체의 <세상 이야기>인 것으로서, 소리의 미디어와 같은 형태로 우리를 말려들게 하는 포괄적 미디어인 것이다. 사실 맥루한은 신문이라는 미디어의 참가성과 포괄성을 다음과 같이 기술하고 있다.「(신문 지면의) 모자이크 방식은 집단적 또는 집합적 이미지 방식으로, (사람들의) 참가를 요구한다. 이 참가는 사적(私的)이라기보다 오히려 공동체적이고, 배타적이라기보다 포괄적이다.」

사회의 구성원은 TV와 신문을 통해서 매일 자신들이 살고 있는 세계의 이야기를 듣는다. 매스컴은 즉,「공공적(公共的)인 고백」인 것이다. 미디어의, 이 <세상 이야기>적인 성격은 뉴스 같은 것에 단적으로 나타난다고 말할 수 있다. TV와 신문이 보도하는 뉴스는 무언가의 사건이고「알림」이지만, 그 중에서도 그것은「좋은」알림이라기보다「나쁜」알림이다. 다시 한번 신문의 예를 들어 보자.

「신문은 활동하고 서로 작용하고 있는 공동체 내막의 이야기를 생산해 낸다. 신문이 사회의 어두운 면을 폭로할 때에 완벽하게 기능을 발휘하고 있는 것처럼 보이는 것은 이런 이유 때문이다. 나쁜－누군가에 관해 나쁜, 또는 누군가에게 나쁜－뉴스, 바로 이것이 진정한 뉴스인 것이다.」

「홍수·화재, 그 밖에 육·해·공의 사회적 재해는 뉴스로서는 모든 종류의 개인적 공포와 재앙보다 뛰어나다.」

나쁜 뉴스는 사회 구성원을 한데 묶는다. 사람들은 자신들의 신변에 닥쳐온 사건에 귀를 기울이고, 무심코 그 이야기에 말려드는 것이다. 맥루한이 신문을 예로 들어 설명하고 있는 것이 모든 매스컴에도 들어맞는다고 해도 좋다. 결국 미디어라는 것은 사회의 「내막 이야기」, 인사이드 스토리다. 인사이드 스토리, 그렇다, 정말 그것은 스토리다. 즉, 그것은 작가가 분명하지 않은 픽션-즉, 이야기-인 것이다. 미디어는 사건이 있기 때문에 채택하여 말하는 것이 아니다. 역으로, 미디어가 말하는 것, 즉 그것이 뉴스인 것이다. 「신문 안에 들어 있는 것」이 바로 뉴스고, 「들어 있지 않은 것은 뉴스가 아니」라는 것이다.

신문에 게재되어 있는 것은 뉴스이기도 하고, 뉴스를 만드는 것이기도 하다. … 게다가 신문은 매일의 행위고 픽션-즉, 만들어진 것-도 있어서, 그것은 공동체 안의 거의 모든 것을 재료로 한다. 모자이크적 수단에 의해서 신문은 공동체의 이미지, 또는 그 단면도로 만들어진다.

이렇게 해서 맥루한이 말한 신문을 연장한 곳에 있는 것, 즉 그것이 TV다. 책이라는 부동의 섬[島]과 대조적으로 TV는 그날그날의 생활 세계로 편성되고, 「이야기」에 의해 그 세계를 조직화하여 상황-콘텍스트-에 깊이 참가하면서 상황을 만들어 내고, 변화시켜 간다. 그 모자이크적 형태는 날마다 「공동체의 이미지」를 만들어 가는 것이다. TV는 책처럼 사람을 고독한 내성(內省)으로 유도하지 않고, 거꾸로 사회 이미지 창출에 적극적으로 참가시킨다. 책이 거리를 두게 하는 것임에 반해, TV는 「대상과 거리를 두는 태도를 허용하지 않는」 것이다. 「TV 영상의 모자이크적 형태는 촉각과 마찬가지로, 존재 전체의 심층(深層)에 있어서 참가와 관여를 요구한다.」

촉각과 마찬가지로, 그렇게 TV라는 소리의 문화는 청각적·촉각적이어서 사람을 전체 속으로 감싸 버린다. 그것은 전문 문화적인 칸막이를 걷어 내고 모든 것을 모자이크화하여, 시청자의 전신을 휘감는 것이다. TV는 <근시>의 미디어라고 맥루한이 말한 대로, TV는 책과 같은 내성을 허락하지 않고 <전체 포괄적인 지금에 대한 전면적 관여>를 재촉한다. 지금 무엇이 말해지고 있는가, 이것이 TV에서 유포시키는 세상사 이야기의 메타 메시지고, 우리는 그 진위에 관계없이 그 소리의 「이야기」에 귀를 기울여 참가해 간다. 즉, 우리는 그것에 흥미를 갖는다. 책의 「고지식함」에 비해, 근대의 공공의 소리인 TV와 신문은 패션처럼 「경박한」 미디어인 것이다.

믿음과 반복

이러한 미디어의 경박함은 시간성에 있어서도 명백하다. 사실 뉴스는 반드시 「새로운」 뉴스다. 책이라는 인쇄물에는 날짜가 없고, 살아 있는 현재로부터 가능한 한 떨어져서 멀리하는 것이야말로 그 기본적인 성격인 것에 비해, TV와 신문은 항상 살아 있는 현재 한복판에 있고, <지금>이라는 때와 함께 있다. 스탕달은 사후(死後)의 독자를 겨냥하여 글을 썼지만, 「50년 후에 읽혀지는」 신문이라는 것은 배리(背理)라는 것 이외에는 아무것도 아닐 것이다. 신문이란 지금이라고 하는 때처럼 변해 가기 쉽고, 지금과 함께 사라져 가는 미디어며, 그 모자이크적인 형태에 의해서뿐만 아니라 날짜가 있는 형태에 의해서도 한없이 「소리」에 가까운 미디어다. TV와 신문이 말하는 이야기는 결국 현재성의 담론 이외에 아무것도 아니다. TV와 신문과 함께 사람들은 「현재」를 공유하는 것이고, 그 현재성은 패션과 같은 정도로 선명하다.

　신문과 패션, 이 두 가지 사이에 사진이라는 미디어를 끼우면 사태는 더욱 명료하게 된다. 사진은 「시간 흐름의 순간, 순간을 분리하는」 것이다. <지금>을 이미지화하는 그 조작성에 의해 패션과 사진은 깊게 연결되어 있지만, 신문에 있어서도 사진은 불가결한 것으로서 「사회의 이미지화」를 만들어 간다. 신문의 모자이크 안에 실린 사진은 <지금>의 이미지고, 정확하게 말하면 그날의 이미지, 그날 아침, 그날 저녁의 이미지다. 사진이 게재된 신문과 함께 우리는 현재에 참가한다. 패션과 더불어 우리가 현재에 참여하는 것과 완전히 같은 것처럼. 맥루한이 말한 대로, 신문과 주간지, 잡지라는 미디어는 「함께 있기」 위한 미디어인 것이다.

　「오늘의 신문」과 재즈 보컬과 우리의 관계는 패션에 대한 사람들의 감정과 같은 것이다. 패션은 정보와 인식을 얻는 수단이 아니라 그것과 함께 있기 위한 수단인 것이다.

　그것과 「함께 있다」는 것, 이것이야말로 신문과 잡지라는 미디어와 우리의 관계고, 그리고 TV가 이 관계의 극점에 있다는 것은 말할 필요도 없다. 다시 말하자면, TV는 「본다」는 것보다도 「느낀다」는 것-마치 패션처럼-이다. 이런 의미에서 결국 미디어는 마사지(맥루한은 미디어를 인간 감각의 확장이란 측면에서 파악하고 있고, 마사지란 용어를 사용한 것은 일렉트로닉스 미디어, 주로 텔레비전의 미디어로서 역할이 인간의 감각에 어떤 종류의 편향성을 가져온다는 점을 비유적으로 표현하기 위해서였다-역자)며, 공공(公共)의 소리가 아닐 수 없다.

　그러나 이 공공의 소리는 또한 끝없이 「권위」에서 먼 소리이기도 하다. 단적으로 이렇게 말해도 좋을 것이다. TV와 신문과 주간지라고 하는 매스 미디어의 신빙성은 결국 패션과 같다고.

그렇다고 하는 것도 TV든 신문이든, 그것들은 결국 <매스> 미디어로서 동일 뉴스-화제-를 「대량 생산」하기 때문이다. 그리고 이 대량 생산된 이야기의 신빙성은 결국 그 반복성에 의존하고 있다고 말하지 않으면 안 된다. 세상 누구든 지금 자신이 알고 있는 것과 같은 뉴스를 알고 있다. 이 동일성이 없으면 무릇 뉴스는 문자대로 믿어질 수가 없다. 「자신밖에 모르는 것」은 뉴스가 아닌 것이다. 뉴스는 반드시 공공적인 것이다. 혹은 같은 것을 이렇게 말해도 좋을지 모른다. 어느 방송국이나 똑같이 말하고 있는 뉴스, 그것이야말로 믿을 수 있는 뉴스인 것이라고. 특종 기사라는 것은 자주 사용되는 표현이고, 어느 텔레비전 방송국이나 신문사도 자사 특종을 자랑거리로 삼지만, 아이러니컬하게도 뉴스의 신빙성이란 「어느 매스컴이나 다루고 있다」고 하는 것을 전제로 하지 않고는 성립될 수 없는 것이고, 각사 각국이 다투는 차이는 이 기본적 동일성을 전제로 한 위에서의 차이밖에 없다. 하나의 방송국, 하나의 신문사밖에 다루지 않는 사건은 「믿을 수 없는」 사건인 것이다. 즉, 그것은 신문으로 말하자면 한없이 「사설」-따라서 책-에 가까운 것이 되어 버릴 수밖에 없다. 누구나 화제로 삼는 것, 그것이 텔레비전과 신문이 말하는 보도의 신빙성의 기초를 이루고 있는 것이다.

이런 의미에서, 매스컴이라는 「공공의 소리」는 살아 있던 신체에서 발해지는 소리의 일회성에서 한없이 멀다. 그리고 성스러운 소리의 권위에서도 한없이 멀다. 지금까지 서술한 것같이, TV는 사람을 「참가」시키고 <지금>을 느끼게 하는 청각적·촉각적 미디어며, 사람들을 연결시키는 포괄적 미디어임에 틀림이 없지만, 그 미디어의 세계에서 「믿음」은 어디까지나 부재(不在)하는 형태로 존재한다. 왜냐하면 결국 그곳에서 사람들은 픽션을 믿을 수밖에 없기 때문이다. 누구도 말하지 않는 것은 뉴스가 아니고 TV에서 보도되는 것이 뉴스라고 하는 것, 결국 그것은 「정말」로 있었던 일인지 아닌지 문제가 아니라고 하는 것이 되고 마는, 바꾸어 말하자면, 사람들은 타인의 신용을 신용하는 것이다. 때문에 미디어의 권력이라는 것이 성립할 수 있는 것이다. 중요한 것은, 정말로 있었던 일인가 아닌가가 아니라 미디어가 「말하는」가 아닌가에 달려 있는 것이며, 사람은 미디어가 말하는 이야기를 「강제」에 의해서가 아니라 「관심」에 의해서 받아들이는 것이다. 그 관심—참가—이야말로 미디어의 신용을 만들어 내는 것이고, 미디어란 정말로 휴먼 인터레스트에 의해 지지되는 이야기일 수밖에 없다.

미디어는 곧 메시지로서, 메시지의 내용과 진위에 관계없이 「말한다」고 하는 그 형태에 의해서, 우리의 이의(異義)와는 관계없이 우리를 끌어들인다. 우리는 반복되는 이야기에 귀를 기울이고, 언제나 타인의 신용을 계속 신용할 수밖에 없는 것이다. TV와 신문 잡지가 말하는 것은 모두 <지금>의 진실로 있고, 우리는 현재를 느끼고 「함께 있기」 때문에 (시대에 뒤떨어지지 않기 위해), 미디어의 이야기에 관심을 기울인다. 아니, 관심을 기울이는 것이 아니라 「믿고 있다」고조차 말할 수 있을 것이다. 텔레비전과 잡지가 유포하는 「경박한」 이야기는 행위를 조직화하는 매뉴얼이며, 살아가기 위한 매뉴얼이라고 해도 과언이 아니다. 지금은 일회성(一回性)이 아니라 반복성이야말로 「믿음」의 조건인 것이다. 믿음의 기원은 이미 「유일성」에 있는 것이 아니라 어느 신문이나 방송국에서도 일치해서 말하고 있다고 하는 반복성에 있을 수밖에 없고, 각 미디어는 서로 인용하면서 상호간에 신빙성을 지지하고 있는 것이다.

메아리의 행방

이것이 신을 잃고 성스러운 소리를 잃은 근대의 운명이라고 해야 될지도 모른다. 미디어에 의해서 확장을 달성한 세계는 지금 여기에 있는 유일한 신체라고 하는 중심을 한없이 잃어 간다. 「모든 기술은 신체의 확장인 것이다」라고 하는 맥루한을 따라 말한다면, 미디어의 신체는 한없이 확장을 이루고, 지구를 하나로 묶을 정도의 규모로까지 스케일을 넓히면서 끝없이 권위를 잃어 갈 수밖에 없을 것이다. 전자 공학이 지구 전체를 하나의 신체로 할 정도로 변용을 초래했다고는 하지만, 그 거대한 신체는 권위가 결여되어 있고 「믿음」이 결여된, 공허한 신체일 수밖에 없다. 픽션같이 민감하게 <지금>에 감응하는 공허한 신체.

여하튼 우리는 미디어를 「느끼며」 살고 있다. 미디어는 마사지인 것이다. 사람들을 고립화시킨 책과 시각(視覺)의 시대는 종언을 고하고, 전화와 텔레비전의 전자 공학 문화는 우리를 순식간에 연결시키고, 공진(共振)시켜 간다. 지금이야말로 고립화가 아니라, 우리는 미디어에 「둘러싸여」 살아가고 있다는 것을 말하는 것이다. 확실히 이것은 닫힌 시스템을 열고 고립화를 「치유하는」 것임에는 틀림이 없을 것이다.

치유, 맥루한의 미디어론의 역점 중 하나도 이것이다. 맥루한에 의하면, 모든 미디어는 인간의 여러 감각의 자기 확장이지만, 그 확장은 동시에 자기 절단(自己切斷)이기도 하다. 강렬한 미디어의 자극은 감각 마비를 일으키는 것이고, 사람들은 「자신 이외의 것으로 확장된 자신에게 매혹되어 버린다」는 것이다. 시각 미디어의 자극에 사로잡힌, 근대의 활자 인간은 자신을 절단해서 「닫힌 시스템」화한다. 수면에 비친 상(像)을 보고 그것에 매혹된 나르시스는, 자기의 시각 신경의 강렬한 증폭에 쇼크를 받아 지각 마비를 일으키고 말았다. 나르시스는 「자기 절단을 일으켜서 자기 인식을 잃은」 것이다. 그는 자신이 보고 있는 상이 실은 자기 자신의 감각이 확장된 것임을 모르고, 시각의 세계에 틀어박혀 다른 감각을 절단한 것이다. 닫힌 시스템으로 변한 나르시스의 귀에는 에코의 소리가 미치지 않는다. 에코가 나르시스를 사랑하고 있던 것과 관계없이….

산울림인 에코는 원래 나르시스 자신 속에 있는 소리인 것이다. 그 소리에 부응하려 하지 않은 나르시스는 감각의 밸런스를 잃고 있다. 시각에 사로잡힌 인간은 청각에 대해 무감각-무정-한 자가 되는 것이다. 시각적 인간인 나르시스는 에코의 사랑-나르시스의 감각 마비를 고치려고 한 사랑의 소리-에 응할 수 없다. 소리는 공진(共振)을 바라고, 전신과 전감각(全感覺)의 참가를 재촉한다. 소리는 <열림>을 추구하고, 이성보다도 무의식에, 잠재 의식적인 것에 호소한다. 맥루한이 말한 대로 전자 공학 시대는 잠재 의식의 시대며, 「불안」의 시대다.

감각 마비의 원리는 전기 기술의 경우에도 다른 경우와 마찬가지로 작용한다. 우리는 중추 신경이 확장되어 노출되었을 때, 그것을 마비시키지 않으면 안 된다. 그렇지 않으면 죽어 버릴 것이다. 이렇게 불안한 전기 미디어의 시대는 무의식, 무관심의 시대이기도 하다. 하지만 거기에 더해서, 현저하게 무의식을 의식하는 시대이기도 하다.

「무관심」과 「불안」의 시대, 여기서도 맥루한의 예언은 그대로 현대에 들어맞고 있다고 해야 할 것이다. 미디어 메시지의 홍수에 잠겨 있는 우리는 희박한 「믿음」을 공유하면서 그 이야기에 귀를 기울이고, 동시에 「무관심」의 캡슐을 두르고 자기 자신을 방어하고 있다. 그리고 그렇게 하면서 언제나 마음의 어딘가, 혼의 어딘가 깊은 곳에서 잠재 의식적인 공진(共振)을 구하고 있다. 즉, 에코의 부름을 구하고 있는 것이다. 자기 자신의 소리의 산울림을.

이렇게 해서 우리들은 또다시 전화라는 <사랑의 소리>로 되돌아온다. 전화의 벨은 응답을 구하고 메아리를 바라며 울리는 울림이 아니었을까. 전화는 닫힌 시스템에 구멍을 뚫고, <열림>을 요구한다. 활자적, 시각적인 근대 특유의 딱딱한 집합 조직과 중앙화(中央化)를 무화(無化)하면서 전화는 공간을 무화(無化)하고, 분산해서 산재(散在)하는 네트워크를 만들어 낸다. 그 소리는 이르는 곳에 중심을 만들고, 다중심(多中心)을 만들어 낸다. 그 네트워크의 중심을 차지하는 것은 한 사람, 한 사람의 신체인 것이다. 소리는 신체에서 발(發)할 수밖에 없기 때문이다. 그 소리는 신체를 끌어들이고, 마음을 끌어들이고, 무의식을 끌어들여서 공진을 구해 간다. 죽은 문자에서 사람을 억지로 떼어놓고 살아 있는 현재에 참여하기 위해, 나르시스의 무감각을 치유하기 위해….

그렇다고 해도 에코가 여자고 나르시스가 남자라는 것은 얼마나 상징적인가. 소리의 문화-전화-란 위의(威儀)에 대한 「마음의 여유」인 것이다. 「마음의 여유는 시각적인 배치를 버리고, 여러 감각이 아무렇지 않게 참가하는 것을 허용하는 중에 성립된다.」 활자 문화의, 획일적이고 정연한 반복성에 비해, 소리 문화는 일종의 단정치 않음과 장황함을 허용한다. 「전자 시대에 불가피한 반복, 장황한 형식.」 전화의 회화체는 본질적으로 장황함에 있고, 「두서없음」이야말로 이 미디어의 특질인 것이다. 시시각각으로 변천해 가는, 살아 있는 현재는 두서가 없는 것이기 때문이다. 그 두서없음은 장난을 허용한다. 전화는 「가벼운」 문화에 딱 어울리고, 문화를 가벼운 것으로 만들어 가는 미디어인 것이다. 마음의 여유, 가벼움, 장황성, 이것들은 모두 <여성적인>인 것이다. 위의(威儀)를 갖춘 활자 문화 대신, 지금이야말로 여성적인 친밀성의 미디어가 사람들을 연결시킨다. 책-활자-을 매개로 사람은 다른 사람을 「이해」하지만, 전화에 있어서 사람은 상대를 「느끼는」 것이다. 에코는 나르시스가 잃어버린 느낌을 회복시키려 하는 것이다. 전화를 통해서, 지구는 지금이야말로 이성(理性)이 아닌 느낌(feeling)에 의해 연결되어 간다.

하지만 전화의 그 <소리의 공동체>는 끝까지 부재(不在)인 신체를 상대로 한, 2차적인 소리의 문화일 뿐이기 때문에 어디까지나 권위가 결여된 공동체로 있을 수밖에 없다. 「지구 부족(地球部族)」이라고 맥루한은 말한다. 그러나 이 공동체는 부족의 「장(長)」이 결여된 공동체며, 장로(長老)가 부재인 마을인 것이다. 요컨대 2차적인 소리의 공동체란 「아버지의 목소리」가 결여된 공동체인 것이다. 사실 권위란 규칙을 말하는 소리고, 「아버지의 목소리」 이외의 소리일 수 없기 때문이다.

아버지의 목소리가 없는 소리의 공동체는 극히 사적인 <나>로부터 <나>로 네트워크를 넓혀 간다. <나>는 전화의 벨을 울리게 하고, <당신>을 부른다. 두서없는 이야기를 나누기 위해, 당신과 함께 있기 위해, 현재와 함께 하기 위해…. 나와 당신은 서로를 느끼면서 「사랑의 말」을 서로 교환한다. 우리는 편안하게 친밀한 말을 나누면서 잠깐 사이에 여성적인 <사랑의 공동체>의 일원이 된다. 전화로 소리를 나누는 우리는 누구나 모두 아버지 없는 세계의 아이들일 수밖에 없는 것이다. 친밀성과 여성적인 것이 전제(專制)를 휘두르는 이 공동체는, 어쩌면 아득히 먼 아버지를 부르며 구하고 있는 것은 아닐까.

전화의 벨은 부재의 신을 불러들인다. <소리의 공동체>는 이제는 지구촌이 아닌, 끝없는 우주에 떠 있는 공허한 공동체인 것이 아닐까.

2. 왕을 죽이고 <나>를 말한다

암살자라는 영웅

왕정이 붕괴를 맞이한 역사의 도상에서 일어난 어느 왕의 암살 사건을 돌이켜 보자. 미디어라고 하는, 기묘한 익명의 <이야기>의 기원을 찾아가기 위하여.

하지만 그 암살 사건의 「기묘함」을 전달하는 데에는 전형적인 왕 살해 장면이 도움이 된다. 푸코(Michel Foucault)의 『감옥의 탄생』(1975)은 이 전형적인 장면을 전개해서 보여 준다. 단, 거기서 말하고 있는 것은 범행이 아니라 처벌 광경이다.

1757년, 국왕 암살 혐의로 다미엥(Robert Francois Damiens, 1715~1757, 루이 15세의 시종이었으나 왕의 어깨를 칼로 살짝 건드린 죄로 고문을 당한 끝에 차열형(車裂刑)이라는 혹형에 처해졌음-역자)이 처형된다. 민중이 마른침을 삼키며 지켜보는 그레보 광장에서, 처형대에 올려진 다미엥의 신체는 가혹과 화려함이 극치에 이른 형벌 식전(式典)의 대상이 된다. 유황불에 타 버린 오른손, 상처에 부어진 뜨거운 액체, 말에 잡아당겨져서 네 조각으로 찢어진 몸통, 그리고 간신히 비틀려 떨어진 사지를 태운 재…. 「화려한 신체형(身體刑)」의 제전(祭典)인 것이다.

수형자의 신체에 가해지는 폭력의 전율적인 참혹함은 왕의 신체가 지니고 있는 힘의 발현이고 스펙터클이다. 그곳, 「정치의 장(場)이 가장 어두운 지역에서, 사형수는 국왕과 대칭적으로 역(逆)의 형상을 그려 낸다」는 것이다. 그곳에서 암살자의 신체는 왕이 발하는 과다한 힘에 조명되어 이상한 빛을 발한다. 참혹한 갖가지 형벌이 새겨지는 신체는 그대로 왕권의 화려함을 연기하고 있는 것이다. 국왕 살해라는 죄를 범하지 않았다면, 아무런 조명도 받는 일 없이 역사의 어둠으로 사라져 갈 운명에 있던 무명인(無名人)이, 왕의 위광(威光)을 빌려 부(負)의 영광으로 빛난다.

  푸코가 그려 낸 처벌의 신체극은, 어떠한 의미에서도 「나의 이야기」가 성립할 수 없는 시스템 속에서 연기(演技)되고 있다. 그곳에서 <나>란 왕의 신하며, 암살자 다미엥은 왕에 대한 반역으로 인해 가까스로 왕의 권력을 빛내는 신체라는 영광을 뒤집어쓰는 것이다. 그곳에서는 왕의 신체가 시스템의 모든 것을 매달아 지탱하는 중심에 위치하고 있다.

  물론 이 범죄에는 이야기가 따른다. 처형을 둘러싸고 갖가지 문서와 기록이 기초(起草)되어 사람들 사이에 유포되어 간다. 사형수는 「자신의 유죄성을 공적(公的)인 것으로」 하지 않으면 안 되고, 그들의 「회오(悔悟)」의 기록은 권력의 「설유(說諭)」의 문서와 나란히 범죄를 둘러싼 은밀한 「이야기」를 만들어 내었다. 그런 갖가지 인쇄물을 푸코는 「처형대의 담론」이라 부르고 있지만, 민중들은 그런 이야기에 뜨거운 관심과 호기심을 갖고 열심히 읽었다. 군주 살해 사건은 「일상적으로 저차원의 서사적 영웅 행위」의 역할을 연기하고 있는 것이고, 암살자의 이야기는 민중의 영웅담으로 읽혀지고 구전되어 가는 것이다. 푸코가 말한 것처럼, 일부러 대죄를 저지른 범죄자들은 역사의 무명의 어둠에서 벗어나 「저명인」이 되어 버리는 것이다.

하지만 그 암살자들 이름의 위광은 끝까지 군주라는 왕의 위광에서 출발하고, 거기에서 유래하고 있다. 국왕 암살자는 왕의 「분신」인 것이고, 그들의 영웅적 행위를 기리는 민중은 부(負)의 형태로 왕의 권력을 숭상하고 있는 것이다. 이 시대, 그 권력의 밖에 있는 <내>가 말할 수 있는 틈새는 아직 어디에도 존재하지 않는다.

또 하나의 왕 살해

그로부터 대략 100년 후, 왕의 신체에 의해 지탱되고 있던 시스템이 해체되어 다른 시스템으로 반전되어 간다. 그 사이에 일어났던 변모를 또 하나의 왕 살해가 선명하게 밝히고 있다. 1835년, 국왕 루이 필립 암살 사건이 일어난다. 7월 혁명 기념일에 해당하는 7월 28일, 취일리 궁전에서 바스티유 광장까지 국민군을 인솔하는, 대대적인 왕의 퍼레이드를 거행하기로 되어 있었다. 축제 기분에 열광하는 그날, 구경 좋아하는 민중의 무리가 연도를 완전히 채운 채 이제나저제나 하며 퍼레이드를 기다렸다. 「블루베일 가(街)의 도로는 군중으로 넘쳐흘렀다. 군중은 들뜬 나머지 시끄럽게 소리를 내며, 군인들의 도착을 보려고 발돋움하며 서 있었다.」 훗날 이 사건을 책으로 엮은 막심 듀캉은 당일 상황을 이렇게 기록하고 있다. 그렇게 구경꾼이 지켜보는 가운데 퍼레이드는 예정대로 행진을 시작했다. 그리고 일행이 탕블로에 다다랐을 때, 전대미문의 엄청난 폭음이 울려 퍼지고, 축제 광경은 일전(一轉)해서 유혈의 참극으로 변했다.

탕블로 가 50번지의 건물 한구석에 틀어박혀 있던 한패가 행렬이 오기를 기다리다가, 국왕을 겨누어 총탄을 쏜 것이다. 그것도 보통 총이 아니라 24정의 총에 일시에 발포하는 장치를 덧붙인 암살 장치인 것이다. 그 이름도 「지옥의 머신」이라 불렸던 장치의 위력은 굉장해서, 울려 퍼지는 폭음과 함께 10여 명이 즉사하고, 20명 이상의 부상자가 그곳에서 쓰러졌다. 갈팡질팡하는 군중은 대혼란에 빠져, 축제극은 일변하여 공포의 참극으로 변했다. 단, 지옥의 머신은 국왕의 생명을 빼앗지 못하고, 암살은 미수로 끝났다.

왕 암살의 주모자는 이름이 피에스키였다. 지옥의 머신과 함께 그의 이름은 사람들의 기억에 생생하게 남고, 7월 왕정시대 최대의 이 국왕 암살 사건은 이후에 피에스키 사건이라 불려지며 역사에 이름을 남기게 된다.

분명히 피에스키는 다미엥과 같은, 왕 암살 기도의 범죄자로서 일약 「저명인」이 된 것이다. 왕의 신체에 위해를 가하려한 이 남자는 전설 속의 사람이 되고, 사람들 사이에 이야기로 전해져 가는 인물이 됐다. 하지만 다미엥과 피에스키라는 두 개의 사건 사이에는 어떤 종류의 큰 단절이 가로놓여 있다. 두 사건 사이에서 하나의 시스템이 완전한 변모를 이루고 있는 것이다.

그 변모는 우선 처벌 광경의 변모에 나타나고 있다. 다미엥의 저 화려한 신체형은 백년의 시간을 지나 피에스키의 처형이라는, 그 대극(對極)에 있는 형태로 변화되었다. 그곳에서는 이미 구경거리로 제공되는 신체가「부재(不在)」하기 때문인 것이다. 다미엥의 신체에 가해졌던 전율적인 폭력은 부(負)의 형태로 왕의 신체가 지니고 있는 힘을 조명하고 있었다. 그렇게 화려하게 사람들 눈에 드러나고 왕권의 스펙터클을 연기하던 범죄자의 신체는, 지금은 베일에 의해 사람들 눈에서 감추어지고, 권력이 새기는 생생한 수많은 상흔을 드러내 보이는 일 없이 재빠르게, 기계적으로, 죽음으로 건네어진다. 푸코는 처형의 변모를 이렇게 말하고 있다.

1836년 11월에 처형된 피에스키의 예는 이런 것이다.「속옷 한 장에 맨발로, 머리에 검은 베일을 씌우고 처형장에 끌어갈 것. 집행관이 공중(公衆)에게 판결문을 읽고 있는 동안 처형대 위에서 사람들에게 보여지게 하고, 그 후에 즉각 처형할 것.」 모두(冒頭)에서 설명한 다미엥의 예를 상기하지 않으면 안 된다. 그리고 지금은 사형의 최종적인 보조물이 상복의 검은 베일만으로 되어 있는 것에 주목해야 한다. 피처형자는 사람들에게 미리 보여져서는 안 된다. 얼굴을 들고는 할 수 없는 범죄를 고발하는 것은, 단순히 처형대 위에서 판결 낭독뿐인 것이다. 대규모 신체형의 최후 흔적은 그것을 취소하는 것, 즉 신체를 숨기기 위한 검은 헝겊으로 변화하고 있는 것이다.

암살자의 신체가 사람들 눈에서 감추어지고 스펙터클하게 제공되지 않는 것, 그것은 벌써 그 신체에 광휘와 힘을 주어야 할 왕의 신체가 부재하다고 하는 것이 아닐 수 없다. 국왕 암살자의 신체는 왕의 신체의「분신」인 것이다. 피에스키는 이미 왕의 힘을 빌려 자기를 영웅화하는 것이 불가능하다. 지금이야말로 범죄자를 처벌하는 것은, 왕의 신체로부터 벗어나 추상화된 법

률―종이 위에 쓰여진 법조문―밖에 없다. 신체형의 「야만성」을 검토 대상으로 문제삼고, 형벌의 간략화를 도모하자고 하는 계몽주의는 왕의 신체의 생생한 현존(現存)을 멀리하면서, 추상적으로 일반적인 형벌 체계를 법제화해 간다. 근대적인 법치의 시스템이 탄생을 알리는 것이다.

근대가 탄생하기 위해선 왕이 죽지 않으면 안 된다. <나>라고 하는 주어가 탄생하기 위해선 왕후 귀족의 혈통의 특권이 사멸되지 않으면 안 된다. 그렇지 않은 한, 민중의 기억에 구전되어 가는 범죄자의 영웅 전설은 부(負)의 형태로 왕권의 이야기를 계속 지지해 가는 수밖에 없다. 피에스키의 처벌 광경은 스펙터클로써 신체형의 종언을 이야기하고, 그럼으로써 왕권의 종언을 말하고 있다.

이름의 전설

그런데도 국왕 암살자인 피에스키는 「저명인」이 되고, 스스로의 영웅 전설을 유포시키는 것에 성공한 것이다. 4개월에 걸친 재판 기간 중 피에스키는 사람들의 열렬한 호기심과 관심의 표적이 되고, 그를 둘러싼 이야기가 이곳저곳에 유포되어 간다. 이 남자는 전설 속의 사람이 되는 것이다. 그 모양을 막심 듀캉의 책은 이렇게 말하고 있다.

피에스키는 말했다. 「나는 전세계에 고한다. … 내가 한 것은 무엇 하나 돈을 바라고 한 것은 없었다. 그게 아니라 나는 위대한 범죄자고, 위대한 죄인인 것이다.」

이 남자는, 후세가 자신의 이름을 알 것이라고 믿고, 자만하여 가슴을 부풀리고 있었다.

피에스키의, 이 법 밖의 「명성」은 도대체 어디서부터 유래된 것인가? 그것은 왕권이라는, 전혀 다른 힘에서부터 유래되고 있다고 하기보다는 왕권을 무효화하는 또 하나의 힘에서 유래되고 있다. 또 하나의 힘, 즉 그것은 종이(페이퍼)의 힘인 것이다. 이윽고 미디어라 불려지고, 비대화하고, 증식해 가는 종이의 힘. 피에스키의 국왕 암살 사건은 역사의 어둠에 사라져 가는 「보통 사람들」이 망각에 항거하고, 이름을 남기고, 「이름있는 자」가 되는, 어떤 시스템의 요람기에 위치하고 있다.

사건이 일어난 때는 입헌 왕정 시대다. 왕정을 내세우면서도 헌장이 사실상 시스템의 중심이 되고 있던 그 시대는 이미 부르주아지(유산 계급)의 시대인 것이다. 부르봉 왕가의 「백(白)」은 역사에서 모습을 감추고, 나폴레옹의 군복인 「적(赤)」의 힘도 또 종식을 보고, 실업(實業)과 법규의 산문적인 「흑(黑)」이 지배하는 시대, 시민왕 루이 필립은 과거 왕의 패러디로서 공허한 왕좌를 장식하고 있었다. 이렇게 해서 왕권이 공허한 것으로 변한 이상, 저 화려한 처형의 스펙터클은 이제는 그곳에서 도저히 행해질 수 없다.

아니, 단두대의 구경거리 이상으로, 실은 그곳에서 이제는 도저히 있을 수 없는 것은 국왕 암살 기도 그 자체라고 해야 할 것이다. 왕에게 어울리는 위신도 권력도 없는 「시민왕」 루이 필립의 우스꽝스런 모습이 도미에를 비롯한 풍자화가들의 절호의 대상이 되고, 많은 풍자화의 걸작이 민중을 기쁘게 했던 시대, 왕의 분신인 암살자는 그들 또한 그 중요성을 잃어버린 존재일 수밖에 없었을 터였다. 그런데도 아이러니컬하게도 루이 필립 시대는 더욱더 왕 암살이 다발하던 시대였다. 부르주아의 패권에 이의를 주장하는 사회의 불만분자가 이런저런 당파를 조직하면서 이합집산을 반복하던 이 시대는 비밀 결사의 시대이기도 했던 것이다. 말하자면 왕 암살이 일상화되고 있던 시대라고 말해도 좋다. 국왕 암살은 이제는 이미 화려한 충격성의 광휘를 잃고, 회색(灰色)화한 사건이 되었던 것이다.

어느 것이나 모두 미수로 끝났던, 다수의 회색 암살 사건 중 피에스키 사건은 가장 커다란 이름을 남겼다. 하나는 「지옥의 머신」이라 불린 암살 장치의 거창함에 있었고, 국왕 퍼레이드의 축제날을 노렸던 사건 그 자체의 구경거리성도 전설 형성에 한몫한 것임에 틀림없다. 하지만 이 피에스키가 수많은 암살자와 두드러지게 다르다는 점은, 무엇보다 범행 동기에 조금도 확실한 정치적 신념이 없었다는 것이다. 다른 두 공범자에게는 조금이라도 공화주의적인 정치적 경향이 있었다. 당국은 배후에 있는 비밀 조직의 존재를 두려워하여 수사에 힘을 기울였다. 그런데 이 피에스키라는 남자에게 있어서는 어떠한 정치적 동기도 부재했던 것이다.

따라서 이 「왕 암살」은 겹겹으로 공허한 사건이었다고 말해도 어쩔 수 없다. 암살당해야 할 왕이 이미 부재자로 변해 있고, 그 부재의 왕을 동기 부재의 신하가 노린다. 부재의 군주를 표적으로 한 범죄는 이미 그 분신으로서의 영광을 도저히 줄 수 없다. 그런데도 이 범죄자는 후세에 남는 「명성」을 쟁취한 것이다. 왕의 권력에 의해서가 아니라 전혀 다른 권력─평판(評判)이라는 권력─에 의해서. 피에스키는 여러 가지 형태로 유통하는 페이퍼(인쇄물)에 이름을 기록하게 되고, 지상(紙上)에서 언급되었다는 것 때문에 저명인이 되고, 시대의 인물이 되어 버린 것이다.

종이의 왕국

앞서의 다미엥이 왕권에 의해서 영웅이 되고 성인(聖人)이 된 것이라 한다면, 피에스키는「보도」가 전달하는 뉴스에 의해서 영웅으로 변한 것이다. 화려한 신체형이 종언을 보는 거기에「종이의 왕국」이 모습을 나타낸다. 저널리즘이라 불리고, 이윽고 미디어라 불려지는 것이 되는 장치가.

그 장치는 갖가지 이야기를 만들어 내고, 지면상에 주인공을 만들어 낸다. 사람들 사이에 이야기가 유통되어 간다. 피에스키가 저질렀던 기묘하고 공허한 왕 암살은, 국왕 암살이라는 범죄가 지금은 화재나 도둑질과 조금도 다를 바 없는 스캔들에 지나지 않는다는 것을 대대적으로 알리기 위했던 것이라 해도 좋다. 정치적 동기 없는 암살자 피에스키는 스캔들에 의해서 이름을 날린다고 하는, 극히 비왕정(非王政)적-그리고 근대적-인 몸짓을 연기해 보인, 최초의 왕 암살이었다는 것이다.

왕이 공허한 신체로 변하고 암살이 공허한 몸짓으로 변할 때, 민중도 또 다른 무엇인가로 변모해 간다. 일찍이 처형대 주위를 완전히 메운 채 처형 장면을 지켜보고 있던 민중은 왕의 스펙터클을 지지하는 관객으로 있었다. 이제 와서 그 민중은「전율」을 오락으로 즐기는 관객으로 변하고, 왕 암살을 박람회나 그 밖의 이벤트 같은 차원에서 즐기는 대중으로 변하고 있었다. 여기에서 탄생하고 있는 것은 뉴스의 소비자며, 어느새 왕의 신하들은 정보의 소비자로 변모를 이루고 있는 것이다.
 피에스키는 「고귀한」 범죄를 3면 기사의 지면(紙面)이라는 낮은 곳으로 끌어내렸고, 그 지면 위에서 히어로가 된 것이다. 이 남자는 「<나>를 사람들에게 이야기하게 하는」 시스템을 크게 활용하면서, 스스로는 한 줄도 쓰는 일 없이 자신의 전기를 유포시킨 것이다. 얼굴도 이름도 모르는 불특정 다수의 사람들이 매일처럼 그의 이야기를 경쟁해서 사 가지고 탐독했다. 노렸던 대로, 피에스키는 「후세가 자신의 이름을 아는」 것에 성공한 것이다.
 왕의 영광을 나타내고 있던 범죄자의 신체가 검은 베일에 덮여 사람들 눈에서 가려지게 될 때, 신체는 「이름」으로 변하고, 처형대란 신문 지면이라는 다른 장소로 나타난다. 주권(主權)의 「상(喪)」을 나타내는 흑색은 활자의 「흑색」의 번영이 시작됨을 고하고 있다. 사건의 전말의 센세이셔널함을 말하는 그 종이는, 소문과 스캔들을 팔아 보급시키는 종이다. 왕과 암살자가 함께 그 생생한 신체의 힘을 잃을 때, 힘은 아무런 무게도 갖지 않는 종이 위로 이행해 간다. 인쇄물인 그 페이퍼는 몇 번이라도 복제 가능한 것이다. 다미엥의 잔인한 처형이 보여 주는 전율의 광휘는, 두 번 다시 상연 불가능한 구경거리의 일회성에 있었다. 페이퍼의 출현과 유통은 그것을 모두 장송(葬送)하면서 신체를 인쇄 문자로 바꾸어 간다. 여기에 「종이의 왕국」이라는 저널리즘의 성립을 보고 있는 것이다(자세히 말하자면, 피에스키는 이 「종이의 왕국」과 조금 복잡한 관계를 맺고 있다. 보통 이 사건이 역사상 이름 높은 것은 엄격한 언론 탄압의 계기가 되었기 때문이다. 이 사건을 계기로 당시 정부는 왕에 대한 인신 공격을 막기 위해 구체적인 금지 조항을 만들어, 저널리즘의 표현 활동을 엄격하게 제한했다. 「9월법」이라고 하는 이 법은 악명 높은 언론 규제법으로서 언론사(言論史)

를 다루는 책에서는 반드시 언급되고 있다. 예를 들면, 웩슬러의 『인간 희극』 등도 이 법과 투쟁했던 피리봉이나 도미에들의 투쟁의 여러 일화를 소개하고 있어서 흥미롭다. 하지만 역사를 긴 안목에서 생각한다면 언론 탄압에도 불구하고 이 암살 사건이야말로 후일의 저널리즘의 융성을 선취한 것이라고 해야 하지 않을까. 필자가 아는 한 피에스키 사건과 저널리즘의 관계를 이와 같은 시점에서 평가한 주장은 전혀 없었다).

피에스키의 암살 사건은 지면(紙面)이라는 「이야기」 장치의 위력을 보란 듯 드러냄으로써, 극히 현대적인 <나>의 이야기를 선취(先取)한 것이라고 말할 수 있을 것이다. 불특정 다수의 독자에게 읽혀지는 「나의 이야기」…. 이 범죄자는 인쇄 문자가 발휘하는 어정쩡한 힘이 왕의 힘을 능가할 것임을 알고, 그 어정쩡한 힘을 충분히 활용해서 자신의 성가(聲價)를 끌어올렸던 것이다.

아니나다를까 사건 1년 후, 프랑스 최초의 대중용 일간지인 『프레스』가 탄생한다. 이 정보지는 온갖 사건과 사람을 지면에 나열하고, 스캔들을 유통시키는 페이퍼를 창시했다. 『프레스』는 그 이전의 「정치 신문」을 대신한 비의견(非意見) 신문이었다. 사람들은 정치적 의견보다도 스캔들을 좋아하고, 지면에서 언급되는 사람들의 이야기에 열중한다. 이 신문도 역시 「종이의 왕국」이 왕권을 능가하게 되는 역사의 미래를 선취하고, 그 산업화를 꾀한 것이었다.

「유명인」의 탄생

『프레스』의 창간에 약 1년 앞서서, 피에스키의 이야기는 발행도 부정기적이고 인쇄도 어설픈 기와판(찰흙에 글씨를 써서 구워

낸 기와와 같은 활판—역자)의 이야기로 존재하고 있었다. 『프레스』 이후, 스캔들 보도는 산업적으로 조직화되어 갔다. 지상(紙上)에 당시에 화제가 되던 사람의 이야기가 전해지지 않는 날은 하루도 없었다. 범죄자는 신문에 없어서는 안 되는 「이야기」의 제공자였다. 범죄와 신문이 손을 맞잡고 번창하여 갖가지 이야기를 유포하여 세상을 즐겁게 했던 경위는 올티크의 『빅토리아조의 비색(緋色)의 연구』에도 자세히 나타나지만, 푸코 또한 왕권의 소멸 후에 탄생하는 「종이의 왕국」의 행방을 간결한 기술로 시사하고 있다.

왕 암살의 영웅전을 퍼뜨리고 있던 「처형대 위의 담론」은 신체를 둘러싼 이야기였다. 그 신체가 광휘를 잃어 감에 따라 등장해 오는 것이 「지(知)」의 이야기다. 고전주의 시대의 종언과 함께, 민중의 관심은 「신체형 집행」 장면에서 범행의 「탐색 과정」으로 옮겨간다. 사람들은 「권력과의 신체 본위의 대결」에 주목하기보다, 「범행과 수사하는 자의 지력(知力) 싸움」에 한층 더 흥미를 나타내게 되어 가는 것이다. 그곳에 등장하는 것이 바로 탐정 소설이라는 것은 말할 것도 없을 것이다. 이렇게 해서 범죄자의 영웅 전설은 수사 과정을 더듬어 가는, 지(知)의 게임이 대신하게 된다. 「행위」를 대신해서 행위의 흔적을 「찾는」 이야기가 승리를 차지해 가는 것이다.

그 이야기 중에 등장하는 범인은 이미 영웅 따위는 결코 아니다. 그것은 임의의 누구며, 익명의 누구와 다르지 않은, 영웅성의 소멸이야말로 이처럼 새로운 이야기가 출현할 수 있는 조건이다. 이제는 누구라도 범죄자가 될 가능성이 있고, 누구라도 탐정이 될 수 있는 것이다. 이야기되는 <나>의 특권적 개성의 부재가 이것들의 이야기 시스템을 지탱하고 있다.

이렇게 해서 출현한 새로운 이야기는 두 종류의 이본(異本)으로 구성되어 있다. 하나는, 책이라는 체재를 갖춘 이야기, 즉 소위 탐정 소설이다. 그리고 또 하나는, 책이라는 형태를 취하지 않은 잡다한 이야기 군(群), 즉 신문의 「3면 기사」인 것이다. 추리 소설의 원조인 에드가 알란 포의 작품인 『마리 로제의 비밀』이 한 줄의 신문 기사로부터 시작되고 있는 것처럼 신문이 전하는 정보의 단편을 갖가지 각도에서 부풀린 것이 추리 소설이고, 이런 소설과 신문은 기원과 시스템을 같이하는, 두 개의 이야기일 수밖에 없다. 어느 쪽이든 임의의 누군가가 사건의 주인공이 될 수 있다. 「종이의 왕국」 속에서는 누구나 평등하고, 누구라도 안티 히어로인 것이다. 누구 하나 그 지배를 면할 수 없는 이 왕국 속에서 사람은 언제라도 스캔들을 통해 <나>를 이야기하는 것이 가능하다. 이렇게 해서 누구라도 잠재적으로 활자에 편입된 검은 텍스트로 변할 수 있는 시대가 막을 올린다.

피에스키 사건으로부터 약 20년 후, 제2 제정 시기에 창간된 대중지인 『프티 주르날』은 파격적인 부수의 성장을 기록하고, 현대에 이르는 「3면 기사의 제국」을 구축했다. 신문과 소설은 3면 기사의 제국하에서 서로가 서로를 지탱하면서 이야기를 증식시켜 간다. 『보바리 부인』이 간통 사건 뉴스를 계기로 하여 쓰여진 것은 주지의 사실이지만, 플로베르(Gustave Flaubert, 1821~1880, 프랑스의 작가—역자)는 그 『판에 박은 사전』의 「활자」(인쇄물) 항목에 이렇게 쓰고 있다.

활자 imprimé(인쇄물) 활자가 된 것은 모두 신용해야 한다. 「자신의 이름이 활자가 된다면!」 단지 그것만으로도 죄를 범하는 것조차

불사하는 자도 있다.

　정말 플로베르가 피에스키 사건을 기억하고 남겨 두고 있었는지는 그다지 중요한 게 아닐 것이다. 사람은 누구라도 활자의 힘에 의해「유명인」이 될 수 있다. 분명한 것은 피에스키 사건이 이「종이의 왕국」의 도래를 예고하고 있었다는 것이다.
　플로베르와 동시대 사람인 막심 듀캉의 저서,『피에스키 암살 사건』은 부제(副題)를 첨부하고 있다고 말하지 않으면 안 될 것이다. 막심은 부제에 이렇게 쓰고 있는 것이다.「코뮨의 시조」라고. 확실히 이 범죄자는 왕제(王制)에 반역을 저지른 무법자임에 틀림없다. 하지만 그「지옥의 머신」은 코뮨의 건설을 기도하기에는 아득히 먼 것이었다. 거꾸로 그것은 모든 정치적 신념을 스캔들의 지평으로 끌어내리고, 인쇄기의 힘을 보란 듯이 드러내 보이면서 왕국을 망자(亡子)로 변화시킨 것이다. 따라서 만약 막심의 저서에 기술된 부제를 바르게 고쳐 쓴다면,「유명인의 시조(始祖)」만큼 적절한 것은 없을 것이다. 사실 수많은 유명인이「자서전」을 쓰기 시작한 것은 이렇게 왕국이 해체되고, 어디에도 주군(主君)이 없는「종이의 왕국」이 탄생한 이후의 이야기다.

소리의 은하계

제1장 미디어의 세상 이야기   1. 소리의 공동체
                              2. 왕을 죽이고 〈나〉를 말한다

제2장 여자들의 침묵   3. 얼굴의 담화
                              4. 소리 없는 방
                              5. 책 읽어 주는 여자

제3장 전화의 유혹   6. 사랑하는 전화
                              7. 콜걸
                              8. 소리의 유토피아

제4장 지극히 높은 곳   9. 에로스보다 더 감미로운
                              10. 밤의 소리 쪽으로
                              11. 지고성(至高性)

3. 얼굴의 담화

얼굴의 디스커뮤니케이션

사람이 북적거리는 거리. 낯선 사람들이 조급하게 오가는 거리. 우리들은 이 공간을 도시라고 부르고 있다. 이때에 낯선 사람들이란 바꿔 말하면, 낯선 얼굴이다. 낯선 얼굴이 나타났다가는 사라져 가는 토포스(topos), 이것이 현대적인 도시 공간이다. 사람의 얼굴에는 이것이 나타내는 공간의 코드가 선명하게 새겨져 있다. 예를 들면, 발자크가 묘사한 「파리장의 얼굴」, 『파리 생활 정경』 중 한 편의 서두를 장식하는 그 문장은, 사람의 얼굴이라는 것이 얼마만큼 그가 사는 공간의 각인을 지니고 있는지 남김없이 그려 내고 있다. 거기에 줄지어 나오는 얼굴은 파리라고 하는 도시의 모양이고, 파리와 파리장은 서로를 만들어 가면서 산업의 융성을 맞이한 19세기 도시의 모습을 말하고 있다.

무릇 이 세상에서 뭔가가 무섭다고 해도 파리 주민들의 얼굴이 쭉 늘어앉은 광경만큼 무시무시한 것은 없을 것이다. 보기에도 무시무시하고, 지치고 누렇게 뜬, 칙칙한 사람들이다. … 뒤틀린 그 얼굴은 모든 모공(毛孔)에서, 정신과 욕망과 머리에 가득 든 독(毒) 따위를 발산하고 있다. 그것은 얼굴이 아니고 가면이다. 가냘픈 가면, 든든한 가면, 비참한 가면, 즐거운 듯한 가면, 위선적인 가면. 어느 것이나 피로에 찌든, 질리지 않는 욕망의, 지우기 힘든 흔적이 깃들여 있다.

「이해의 풍파가 끊일 새 없이 휘몰아치는」 19세기의 도시 사람들이란 「욕망의 열에 몸이 말라비틀어」지면서, 「필요라는 가혹한 여신의 채찍을 맞아 가며 달리기도 하고 펄쩍 뛰어오르기도 하고 있다.」 이렇게 해서 발자크는 보기에도 엄청나게 지친 파리 주민들의 얼굴을 몇 페이지씩이나 그려 간다.

여기에 묘사된 사람들의 얼굴에는 구석에서 구석까지 파리라는 근대 도시의 운동이 새겨져 있다. 「파리 사람들의 얼굴」이라는 것은 즉, 파리의 모습인 것이다. 여기에서 발자크가 말하고 있는 메타 메시지, 그것은 무릇 「얼굴」 일반이라는 것은 있을 수 없다는 것, 사람들 얼굴에는 반드시 그들이 살고 있는 장소의 고유성이 새겨져 있다고 하는 것이다. 얼굴이라는 것은 장소의 흔적인 것이다. 파리 사람들의 얼굴은 파리라는 도시를 나타내고, 도시의 운동은 거기에 사는 사람의 얼굴에 스스로의 표상(表象)을 새겨 넣는다. 그리고 얼굴뿐만 아니라 걷는 형태나 행위와 몸짓, 사소한 움직임 등 다시 말해, 사람들의 육체적 특징은 반드시 무언가를 나타낸다. 주지하는 것처럼, 이것은 19세기에 융성을 본 관상학의 테제고, 발자크는 외견이 내면을 나타낸다고 한, 이 관상학의 대가였다. 웩슬러의 『인간 희극』이 생생한 필치로 묘사하고 있듯이, 발자크는 인물을 표현할 때에 얼굴 생김새부터 피부 색에서 표정에 이르기까지 그 외모를 상세히 그려 내고, 그것이 어떠한 정념(情念)을 나타내는 것인가를 기록해 간다. 분명히 발자크는 외견의 관찰자고, 하나의 표정을 「보는 자」인 것이다. 예를 들면, 웩슬러도 인용하고 있는 『걷는 형태의 이론』 등은 그 전형의 하나다. 여기에서 말하길, 「걷는 형태는 신체의 표정」이라는 것이다.

이렇게 해서 발자크는 라파터의 관상학을 실천하면서 사람들의 외모를 읽어 가는 것이지만, 외면이 내면을 「나타낸다」고 하는, 이 관상학의 사고 방식은 순수하게 말하면, 외면은 내면을 「숨긴다」고 하는 것이기도 하다. 숨겨져 있기 때문에 사람은 그 외면에 속지 않도록 내면의 진실을 읽어 내고, 간파하지 않으면 안 되는 것이다. 「보는 자」인 발자크는 「간파하는 자」인 것이다. 때때로 사람은 외견을 꾸미고 얼굴을 「만든다.」 하지만 어느 정도 얼굴을 만들려고 해도 「걷는 형태」는 진실을 말해 버린다. 그렇기 때문에 발자크는 걷는 형태라는 「신체의 표정」을 관찰하는 것이다.

이것은 19세기에 융성을 본 관상학의 근본에는 어떤 종류의 커다란 <불신>과 <불안>이 놓여 있다고 하는 것에 다름이 아니다. 결국 사람들은 서로 상대를 신용할 수 없는 것이다. 눈앞의 상대가 신용하기에 충분한 사람인지 아닌지 그것을 분별하는 실마리가 그 표정이고, 걷는 형태인 것이다. 보는 자는 외모의 깊은 속에 숨겨져 있는 내면을 독파(讀破)하는 자고, 표정이라는 흔적을 단서로 내면[진상]을 더듬어 가는 탐정인 것이다. 이 탐정에게 있어서 얼굴은 진상에 도달하기 위해 더할 나위 없는 정보원(情報源)인 것이다.

「낯선 얼굴」은 항상 불안과 불신의 대상이다. 그 불안과 불신을 믿음으로 변화시키기 위해서는 미지(未知)를 기지(旣知)로 바꾸는 해독 코드가 필요하다. 관상학은 그 해독 코드를 제공한 것이다. 농촌 공동체의 해체와 함께 생성된 근대 도시는 거대한 디스커뮤니케이션과 불신의 장소고, 그렇기 때문에 관찰의 세기였던 것을 관상학의 융성은 우리들에게 가르쳐 준다.

그리고 이 무렵의 불신은 그 중에서도 언어 커뮤니케이션에 대한 불신이다. 얼굴이 말을 하고 얼굴이 진상을 나타낸다는 것은 「말」이 진실을 드러내지 않는다는 것이다. 상대의 말을 그대로 받아들여서는 안 되고, 말의 진위를 판별하기 위해서는 얼굴을 보라, 표정은 말 이상으로 진위(眞僞)의 정도를 밝힌다. 얼굴이 말한다고 하는 관상학의 코드를 거꾸로 말하면, 이러한 것과 다르지 않다. 시각 언어의 융성에는 언어 커뮤니케이션의 실조(失調)가 호응하고 있는 것이다.

사실 「본다」고 하는 눈의 역할은 「말한다」는 입의 역할과 모순된 관계를 맺고 있다. 만약 입이 그대로 진실을 말하고, 대화라고 하는 커뮤니케이션이 성립하고 있으면, 왜 그 이상 그 말의 진위를 확인할 방법이 필요한 것일까. 얼굴의 담론보다 상위에 둔 관상학은 대화라는 언어 커뮤니케이션이 곤란하게 된 데서 나타난다. 낯선 사람끼리 끊임없이 스쳐 지나가고, 불특정 다수의 군중으로 이루어지는 도시 생활은 대화라는 친밀한 관계성을 불가능하게 하는 것이다. 뜻밖의 돌연한 일로 가득하고, 사물의 진행을 스피드라는 비인칭(非人稱)적인 율동이 지배하기 시작한—바로 발자크가 「파리의 모습」에서 보았던 것이 그것이었지만—도시, 대화라는 친밀한 커뮤니케이션이 나날이 소원한 것으로 변해 가는 이 장소에서는 「눈」이 「입」보다 유효한 무기가 된다. 관상학자인 발자크가 말하듯이 눈빛은 「한순간에 모든 것을 간파하는 신속성」을 갖추고 있기 때문이고, 그 신속성이 사람에게 위험을 헤아려 알게 해 주는 것이다.

그리고 디스커뮤니케이션이라 할 때, 특히 문제시해야 할 것은 관찰이라는 행위에 따르는 「시선(視線)」의 일방성(一方性)이다. 대화를 할 때에 사람은 마주보고 있다. 한쪽이 이야기할 때, 다른 쪽은 그 담화에 귀를 기울이고 있다. 대화는 본질적으로 동시적인 커뮤니케이션이다. 그때 「대면」하고 있는 얼굴과 얼굴은 상대를 관찰하고 있지는 않다. 오히려 관찰은, 귀로 듣는 척하고 있으면서 실은 상대의 말 이외의 것—즉, 얼굴—을 읽는다는 행위다. 그때 사람은 입이 말하는 담화에 거리를 두고, 얼굴이라는 교과서를 판독하고 있는 것이다.

그렇게 얼굴이라는 <텍스트>라고 말하지 않으면 안 된다. 그 이유는, 대화에서는 담화가 담화에 서로 호응하고, 말하기와 듣기가 동시적인 커뮤니케이션 행위일 수밖에 없는 것에 대해 텍스트는 그렇지 않기 때문이다. 씌어 있는 것인 텍스트는 이 같은 담화의 동시성을 단절하고, 거기에 시간적 어긋남(time lag)을 가져온다. 바꿔 말하면, 텍스트는 담화의 상호 교통성을 일방 통행로로 바꿔 버리는 것이다. 관찰하는 시선이라는 것은 이런 의미에서 항상 일방적인 시선이고, 그 「시선」은 상대의 말과 항상 시간을 공유하는 「귀」의 대극(對極)에 존재한다. 관찰하는 눈은 반드시 일방적이고, 거듭 말하자면 관음적(觀淫的)이지 않을 수 없는 것이다. 이런 의미에서도 관상학은 사람과 사람의 커뮤니케이션이 소원(疎遠)하게 되기 쉬운 곳, 끊임없이 낯선 군중이 오가는 디스커뮤니케이션의 장소에서 성행하게 되게 마련인 것이었다. 우리는 앞서 <얼굴의 담화>라고 말한 것을 보다 정확하게 <얼굴의 텍스트>라고 고쳐 말하지 않으면 안 된다. 관상학이라는 것은 말에 의한 담화의 불신과 불안을 배경으로 사람의 얼굴을 텍스트로서 읽은, 두드러지게 비상호적인 행위인 것이라고.

목소리와 얼굴

얼굴과 시선, 입과 눈, 친밀과 소원, 담화와 텍스트, 근대 도시에 발생하는 이러한 일련의 디스커뮤니케이션의 문제는 결국 <군중>이 내포한 그것이고, 이러한 군중이 야기하는 불안과 쾌락이라고 하면「군중 속의 시인」인 보들레르가 상기되지만, 그 시인을 논하기 전에 반드시 언급해 두지 않으면 안 되는 근대인이 있다. 물론 루소를 말하는 것이다. 그것은 얼굴과 커뮤니케이션이라는, 두드러지게 근대적인 문제를 최초로 제기한 사람이 루소이기 때문이다. 그의「고백」은 이렇게 시작되고 있다.

나는 지금까지 결코 예가 없었고 또, 금후로도 흉내내어 할 수도 없을 듯한 일을 계획하고 있다. 나는 내 동포들에게 한 사람의 인간을, 그 자연의 진실 그대로 보여 주고 싶다고 생각한다. 그리고 그 인간이라는 것은 나다.

루소는「자연의 진실 그대로의」인간을 말하고,「있는 그대로의 나의 모습」을 말하려고 한다. 허식도 거짓도 없는 맨 얼굴의 인간을. 주지하는 대로, 루소의 이 선언은 스스로의 적대자를 향한 도전이고, 루소의 적대자란 살롱에 모인 사교인(社交人)들이었다. 루소식으로 말한다면, 사교인이란「가면」을 쓰고 서로에게 허식의 얼굴을 보여 주는 사람들이다.「각자가 타인을 바라보고, 또한 타인이 자신을 바라보길 바라면서」타인의 눈빛에

3. 얼굴의 담화 61

비치는 「공적(公的) 평가」 없이는 살 수 없는 사람들, 그것이 그가 단죄하는 사교인이다. 그들 사교인에게 있어서 존재의 진실은 타인의 눈에 비치는 「외견」일 뿐이고, 꾸미지 않은, 「있는 그대로의」 존재는 없는 것과 같다. 즉, 외견이 없는 내면은 존재하지 않는 것이다. 자연인(自然人)인 루소는 이 사교의 코드를 역전시키는 것이다. 형태가 없는 내면이야말로 유일한 진실이고, 외견이야말로 모든 거짓의 시작이라고.

루소에 의한, 이 내면·외면 코드의 역전은 너무나도 유명하지만, 중요한 것은 이때에 루소가 얼굴의 커뮤니케이션이라는 문제의 근저(根底)를 언급하고 있다는 것이다. 내면의 절대 우위를 주장하는 루소가 가면이라는 텍스트에 반대해서, 말에 의한 담화 편을 드는 것은 당연할 것이다. 루소만큼 「있는 그대로의」 심정을 말하는 <대화>를 희구한 인간은 없다. 「내가 원했던 것은 무엇보다도 허물없는 교제였다」고 『고백』은 말한다. 허물없는 교제, 즉 서로의 마음을 서로 전하는 진지한 커뮤니케이션, 그것이 루소가 추구했던 이상이다. 루소가 사교인의 살롱을 논박한 것은, 그것이 그가 지향한 커뮤니케이션과 완전히 반대의 것이기 때문이다. 사교인의 교제는 세련된 「기교」에 의해 화려하게 꾸며지고, 그 기교가 「허물없는 교제」를 방해하여 내면의 진실 전달에 장애가 되고 있는 것이다.

정의인(正義人)이란 몸에 아무것도 걸치지 않고 싸우는 것을 좋아하는 격투자고, 모든 나쁜 장식을 멸시한다. 그러한 장식은 힘의 행사를 방해하고, 대개는 어떤 기형(奇形)을 감추기 위해 고안된 것에 지나지 않는다.(『학문 예술론』)

「몸에 아무것도 걸치지 않고 싸우기를 좋아하는 격투자」, 이

격투자는 허식에 대해 「정신의 성실함」을 대치시킨다. 「같은 정신 안에서, 호사한 것에 대한 지향은 성실에 대한 지향과 거의 양립할 수 없다.」 이 자연인에게는 살롱의 회화술 역시 「나쁜 장식」일 수밖에 없다. 왜냐하면 그것은 「심정의 토로」를 상스러운 것으로 여겨 회피하고, 형식을 중요시함으로써 독립성을 배제하기 때문이다. 거기서는 의상과 얼굴이라는 「외면」이나 「말」도, 함께 친밀성을 회피하고 연기성에 바쳐지고 있다. 내면주의자인 루소는 이 연기성의 세계를 나쁘다고 간주하여 적으로 삼은 것이다. 「사교계의 인간에 있어서는 … 겉치레만이 전부다」라고 『에밀』은 말한다. 모든 겉치레의 거짓을 배제하고 마음과 마음이 허물없는 교제를 서로 토로하는 친밀성, 루소가 바라 마지않던 이 커뮤니케이션은 이런 의미에서 얼굴과 예의 범절 <바깥>의 커뮤니케이션이었다.

　루소가 추구하는 이 커뮤니케이션이 서기 행위(書記行爲)보다 담화를 중시하고, 문자에 의한 전달보다도 <소리>에 의한 커뮤니케이션을 중시하는 것은 당연할 것이다. 『언어 기원론』이 말하는 대로, 목소리는 그 억양과 함께 내심의 「생각」을 남기는 것 없이 전함으로써 듣는 자를 감동시킨다. 소리에 의한 대화는 「허물없는 교제」에 가장 어울리는 커뮤니케이션인 것이다. 얼굴은 상대를 속일 수 있지만 소리는 결코 생각을 배반하는 일이 없다. 얼굴은 불투명하지만 목소리는 투명한 것이다.

　그렇지만 필립 페로의 『외모의 작용』이 스타로빈스키를 원용(援用)하면서 말한 것처럼, 이처럼 투명한 커뮤니케이션을 바라 마지않는 루소의 욕구는 끝없는 <투명성>의 탐구가 될 수밖에 없다. 거짓 없는 내부를 전하고 한없이 투명할 것, 투명성에 대한 장애와 싸우는 것. 화장과 의상이라는 장애를 버리고, 예의 범절의 코드를 버린 이 「알몸의」 싸움은 「아무것도 몸에 걸치는 것 없이」 싸우려 하면서, 바로 그것에 의해 스스로의 내부에서 장애를 찾아내는 것이 되어 버린다. 왜냐하면 아무리 투명성을 추구하려 해도 사람이 얼굴을 가진 존재인 것을 그렇게 간단히 포기할 수는 없기 때문이다. 심정은 「보이지 않는 것」이다. 하지만 그 보이지 않는 것은 가능한 한 명료하게 다른 이에게 「전해지는」 것이 아니면 안 된다. 「우리의 생각을 전하는 여러 수단에 관해서」 논하는 『언어 기원론』은 전달론이다. <나>의 내면은 가능한 한 장애를 배제하고, 표면에 나타나지 않으면 안 된다. 한없이 내밀한 커뮤니케이션에 대한 욕망은 역설적으로 얼굴이라는 외면을 「문제」화한다. 얼굴은 마음을 반영하게 되고, 마음을 비추는 상(像)이 되는 것이고, 이 상은 가능한 한 투명하게 속에 숨긴 것을 밖으로 나타내지 않으면 안 된다. 마음은 얼굴에 의해 스스로의 진실을 밝히고 전달하지 않으면 안 되는 것이다. <나>의 진실을 얼굴이 속여서 전해서는 안 된다. 이렇게 해서 소리의 우위는 역설적으로 얼굴이라는 텍스트를 불러오고 만다. 루소의 『고백』은 얼굴이 보이지 않는 일반적 타자(他者)에 대해 자기의 진실을 증명해 가는 기도가 되는 것이다.

 루소가 비난한 사교계에서 외면은 역할과 지위를 나타내는 공적 표현이었다. 이러한 외면의 우위가 해체되고, 이것을 대신하여 「심정」과 「정감」이 가치가 될 때, 얼굴은 개개인의 내면의 표출이 되고 <표정>이 된다. 그리고 이 표정은 개인의 수만큼 많고, 개개인의 감정의 색조 수만큼 변환 자재다. 단순함과 소박함을 좋다고 한 자연인의 이상은 이렇게 끊임없이 자기 표정의 「성실함」을 주시하고, 신경을 쓰지 않으면 안 된다고 하는, 끝없는 내적(內的) 「배려」로 전화(轉化)해 간다. 페로가 말한 것처럼, 사교라는 형식을 버리자마자 외면은 「사회적 아이덴티티(자기 정체성)를 인정하기 위한 단순한 메시지」라는 것을 그만두고, 「개인적인 퍼스낼리티를 알기 위해 해독하지 않으면 안 되는」 텍스트가 되어 버린다. 외면에 의해 식별되는 공적(公的) 인간을 대신하여 타자의 이해를 구하는 인간, 「자기 자신의 내면성에 틀어박힌 <사적(私的)> 인간」이 여기서 탄생하는 것이고, 친밀성을 요구해 마지않는 이 사적 개인은 역설적으로, <얼굴이라는 텍스트>를 만들어 내고야 만다. 타자에게 「인정받는」 것을 허영으로써 배척한 근대인은 자기 자신을 타자에게 「알게 하고」 이해시키고 싶다는 욕구를 끌어안고, 마음과 얼굴의 완전한 일치라는 끝없는 탐구로 나아가게 된다.

이러한 탐구자인 루소에게 있어서나 사교인에게 있어서도 더욱더 불쾌한 것, 그것은 낯선 얼굴이고, 마음을 모르는 군중이다. 군중이라는 건 모든 의미에서 <친밀성>의 대극(對極)에 출현하는 것이기 때문이다. 「나는 은밀한 공포를 안고 세상이라는, 이 광대한 사막에 들어갔습니다. … 사람이 모여 있을 때야말로 나는 고독한 것입니다.」(『신(新) 엘로이즈』) 루소에게 있어서 군중은 마음을 엿볼 수 없는 불투명한 외면이며, 읽을 수 없는 텍스트의 무리인 것이다. 왜냐하면 군중이라고 하는 것은 「소리」로 이야기하지 않기 때문이다. 『언어 기원론』에서 말한, 「몸짓을 동반하지 않는 목소리」는 「목소리를 동반하지 않는 몸짓」보다 훨씬 생생하게 상대에게 담화를 전달한다. 하지만 군중 속으로 내팽개쳐졌을 때, 사람은 「목소리 없는 몸짓」에 완전히 둘러싸이지 않을 수 없다. 그때에 사람이 맛보는 것은 친밀성의 대극(對極)에 있는 불안이다.

군중 속에서 사람이 체험하는, 이 「소리 없는」 불안을 벤야민은 짐멜을 인용하며 이렇게 말하고 있다. 「듣지 않고 보기만 하는 인간은 보지 않고 듣기만 하는 인간보다도 훨씬 … 침착성이 없다. 여기에 대도시의 특징을 이루는 무언가가 있다. 대도시에서 사람들의 상호 관계는 눈의 활동이 귀의 활동보다 두말할 나위 없이 우세하다는 점이 두드러진다. 그 주요한 원인은 공공(公共)의 교통 기관이다. 19세기에 버스・철도・전차가 발달하기 이전에는 사람들이 서로 한 마디도 말을 주고받지 않고 몇십 분, 아니, 몇 시간이나 어쩔 수 없이 서로 주시할 수밖에 없는 일은 없었다.」

여기에서 그려지고 있는 군중 속의 불안과 불쾌, 루소는 거기에서 도망쳐 자기를 지키려고 한다. 「소리 없는 얼굴」과 대면, 즉 친밀한 커뮤니케이션이 없는 낯선 얼굴의 군서(群棲), 루소에게 이것보다 불쾌한 토포스는 없었을 것이다. 거기에서는 친밀한 마음의 접촉 등을 바랄 수도 없다. 소리의 커뮤니케이션을 바라는 이 내면주의자가 사회에 등을 돌리고, 「고독한 산보자(散步者)」가 될 수밖에 없는 것은 알기 쉬운 일일 것이다. 군중을 멀리한 고독의 땅, 거기서 루소는 결코 자신의 얼굴을 「오해할」 염려가 없는 친한 대상에게만 둘러싸여 살아간다. 토도로프(Tzvetan Todorov, 1939년생, 프랑스의 문학 이론가-역자)가, 루소가 안고 있던 문제의 하나를 「한정된 커뮤니케이션」이라고 부르고 있는 것은 적확(的確)한 지적일 것이다. 루소의 내밀성의 꿈은 결국 「몽상(夢想)」이라는, 타자가 없는 커뮤니케이션으로 옮아간다. 그에게 있어서 군중은 이 몽상을 깨뜨리는, 무서운 현실밖에 되지 않는다.

하지만 그렇게 루소가 꿈꾸는 토포스는 도대체 그의 내면 이

외에 구체적인 장소를 가질 수 있는 것일까. 그가 이상으로 하는 친밀한 담화는 고백이라는 모놀로그 이외의 형태를 가질 수 있을까. 한없는 투명성의 탐구자에게 있어서 궁극적인 이상은 「내면」 이외에 어떠한 장애도 갖지 않는 마음, 바꿔 말하면 형태 없는 마음, 즉 얼굴이 없는 페르소나(persona)가 아닐까. 어느 정도 군중을 피해서 친밀성을 추구하려 해도 타자는 반드시 얼굴이라는 외면을 갖고 있으므로, 마음과 마음의 커뮤니케이션은 얼굴이라는 장애와 마주치지 않을 수 없다. 「거짓 없는 맨 얼굴」이 아무리 있는 그대로를 나타낸다고 하더라도, 얼굴이라는 것 자체-외면을 갖는 것-를 파기할 수는 없는 것이다. 내면과 외면의 <어긋남>, 소리와 시선(視線)의 어긋남, 담화와 텍스트의 어긋남, 결국 사람은 이 어긋남을 결코 면할 수는 없다. 친밀성의 코드는 이렇게 역설적으로 불신과 허위의 코드를 불러들인다. 관상학의 배경에 있는 불안과 불신의 코드는 이미 여기에 준비되어 있는 것이다.

얼굴의 모데르니테

담화와 텍스트, 진실과 허위, 소리와 얼굴, 그것들 사이에 있는 <어긋남>은 또한 특히 시간의 어긋남이기도 하다. 마음은 시시각각 변해 가는 것이다. 얼굴은 시시각각 그 마음을 반영하면서 표정을 바꾸어 간다. 진실한 <나>는 시간의 추이와 함께 바뀐다. 예의 범절이라는 사교계의 코드를 떼어 낸 순간, 사람은 시간에 노출되어 살기 시작한다. 「있는 그대로의 나를 보이자」고 하는 루소의 기도(企圖)는, 살아온 나날을 기록한다는

「내 생애의 전기」가 되지 않을 수 없는 것이다. 시시각각 지나가는 시간과 친밀성의 바깥에 내팽개쳐진 군중이라는, 이 두 가지 계기에 직면할 때, 거기에 비로소 현대적인 「모데르니테의 얼굴」이 등장한다(모데르니테 modernité, 이 용어는 한 마디로 개괄하기 어려울 만큼 다양한 함의가 있으나, 여기에서는 보들레르의 예술론인 『현대 생활의 화가』(1859)에서 '현대성'을 나타내는 말로 사용된 개념임 – 역자).

그 모던한 얼굴은 이미 진실한 내가 타자에게서 이해받는다는 욕구를 갖고 있지 않다. 아니, 갖고는 있어도 자신이 군중의 한 명이고, 언제 어느 때라도 소원(疎遠)한 시선의 대상이 될 수 있는 것을 알고 있는 얼굴이다. 자신의 얼굴은 다른 사람에게 읽혀지는 텍스트고, 거꾸로 다른 사람의 경우도 마찬가지다. 관상학이라는 것은 이러한 얼굴이라는 텍스트의 해독 매뉴얼과 다르지 않다. 친밀한 담화 – 소리의 교제 – 를 단념한 이들 군중은 거리에 넘쳐흐르는, 불투명한 얼굴의 무리다. 관상학자인 발자크는 불바르(boulevard, 가로수가 있는, 폭넓은 파리의 도로 – 역자)를 오가는 사람들에게 그 시선을 주고 있었다. 거리라는 것은 실외고, 사적 영역의 바깥이다. 실내에서 가능했던 「허물없는 교제」는 한 걸음 밖으로 나가자마자 그 친밀성을 파괴당하고, 불특정 다수의 소리 없는 시선에 드러나게 된다. 목소리에 의한 담화가 동시적이고 상호적인 것에 비해, 시선에 의한 텍스트 「읽기」는 비상호적이며 시간을 함께하지 않는다. 시선과 시선이 마주쳐 서로 주시할 때, 그것은 대화라고 하는 소리의 커뮤니케이션이 시작되는 때고, 얼굴이 마음을 이야기하기 시작하는 때다.

하지만 대도시 속 군중의 한 사람으로서 살기 시작한 인간에게 있어서 이와 같은 만남의 때는 아주 드문 우연밖에 없고, 일상적 현실은 오히려 그와 반대되는 사태의 연속이다. 서로 스쳐 지나가고, 상대의 시선을 피하면서 상대의 얼굴을 읽는, 훔쳐보는 시선…. 한마디로 말하자면 「허물없는 교제」의 대극(對極)인 디스커뮤니케이션이 일상화되는 것이다. 예를 들면, 짐멜이 묘사했던, 공공 교통 기관 안에서 낯선 얼굴들의 공존은 이러한 디스커뮤니케이션의 장(場)이 아니고 무엇일까. 19세기의 도시는 이와 같은 공공 장소를 계속해서 만들고 있었다. 불바르, 카페, 번화가, 백화점 그리고 역. 모두가 교통의 장(場)이며 동시에 환락의 장소이기도 한, 그들의 장소는 친밀한 교제의 「협소함」을 타파하는 토포스다.

그 토포스는 넓은 교통의 장(場)으로서 「협소함」을 깨뜨린다. 그리고 그 넓어짐을 얻는 대신에 친밀성을 잃는다. 소원한 넓어짐, 이 토포스야말로 모데르니테의 얼굴이 나타나는 장소가 아닐 수 없다. 이 토포스는 <안>과 <밖>의 경계에 위치한다. 파사주(점포 등이 늘어선 좁은 통로-역자)이나 백화점도 실내와 실외를 겸비한 장소라는 것은 이제 와서 새삼스럽게 말할 것도 없을 것이다. 환락과 교통의 장소라는 것은 모두 이렇게 안과 밖의 경계선에 위치하며, 그 경계선의 윤곽을 조금씩 무화(無化)해 가는 장소다. 그 장소에 나타나는 얼굴은 차츰 그 명료한 윤곽을 잃어 간다. 결국 친숙한 얼굴과 낯선 얼굴의 경계가 흔들려 가는 것이다. 낯선 얼굴에 대해서는 마음을 닫고 소리를 내지 않고, 친한 얼굴을 향해서만 말을 건다는 이분법이 불가능하게 되어 버린 장소, 이것이 모데르니테의 교통과 환락의 장(場)이다.

절반은 사적이고 절반은 공적인 장소의 다양한 산출, 이것은 또한 그와 같은 장소에 어울리는 얼굴을 만들어 내어 간다. 발자크에서 살펴본 것처럼, 드러내는 장소를 초월한 추상적인 얼굴은 있을 수 없는 것이다. 지금은 대도시 교통의 장(場)에 그것에 어울리는 얼굴—우연한 만남에 몸을 맡긴 채 그 기대와 불안이 동시에 깃들여 있는 얼굴, 텍스트로써 불특정 다수에게 읽혀질 것을 각오하고, 때로는 읽혀지는 것을「기대」하기조차 하는 얼굴, 불특정 다수와의 교통을 향해 열려져 있고, 자신을 다른 사람에게「과시하는」얼굴, 완전하게 사적이지도 완전하게 공적이지도 않고, 거짓인지 진실인지 분명하지 않은 얼굴—이 나타난다.「현대 생활」은 갖가지 환락의 장소와 함께 이러한 얼굴을 산출해 간 것은 아닐까?

루소가 이상으로 삼은 투명한 얼굴은 사적인 성격과 공공성이 완전하게 일치한 얼굴이었다. 하지만 이 투명한 얼굴은 그것이 생활하는 구체적인 장소를 결여한, 추상적인 얼굴일 수밖에 없었다. 루소가 꿈꿨던 그 얼굴은 전혀 다른 모습으로, 루소가 꺼렸던 대도시의 군중 속에서 생성을 본 것이다. 단,「완전한 친밀성」이라는 본질을 결여한 채로.

스쳐 지나가는 누구와도 친밀한 관계를 맺을 수 있는 가능성을 간직하고, 그것으로 인해 누구로부터도 소원한 얼굴. 이 얼굴에 대응하는 시선이 유보자(遊步者)의 그것인 것은, 많은 말을 필요로 하지 않을 것이다. 카페, 파사주, 불바르, 이처럼 반은 사적이고 반은 공적인 장소에 많이 모여 있는 시선은 낯선 얼굴을 읽는, 훔쳐보는 듯한 시선이다.「관찰자, 그는 미행(微行)을 즐기는 제왕이다.」유보자의, 이 훔쳐보기의 쾌락을 말하는 보들레르의 너무나도 유명한 말을 여기에 인용할 것도 없을 것이다. 미행의 가면을 쓴 시인은「군중 속의 고독」이라는 쾌락을 말한다. 스스로는 결코 타자에게 드러내는 일 없이, 지나는 길의 누구에게나 시선을 보내고는 그 시선의 대상과 은밀한 일체감을 맛보는 열락. 보들레르가 정신의 매음(賣淫)이라고 부르는, 이 시간(視姦)의 쾌락은 루소의 대극에 위치하고 있다. 「고독한 산보자」인 루소의 욕구가 모조리 안으로 향해지고 완전한 상호성을 바라마지않는 것에 대해 「고독한 산보자」는 자기와 남과의 관계의 불투명성을 도리어 애호하고, 그 자리에서만의 변덕스런 사랑을 고대한다. 결코 「마음을 터놓지 않고」, 그래서 임의의 누구와도 가능한, 우연한 만남의 순간의 쾌락. 여기에 존재하는 것은 지속적인 친밀성의 대극에 위치하는 커뮤니케이션, 아니, 의도적인 디스커뮤니케이션이다. 소리는 이미 거기서 어떤 역할도 하지 않고, 오로지 시각(視覺)이 우위를 차지한다. 보들레르는 자신에게 말을 걸어오지 않는 얼굴―모던한 가면―을 사랑하고, 또한 바라고 있는 것이다.

누구에 대해서도 말을 걸지 않는데, 그러면서 누구에 대해서도 열려진 얼굴. 이 알레고리가 「창부」의 얼굴이다. 훔쳐보는 시선에 호응하는 것은 창부의 얼굴이다. 그리고 창부라고 할 때, 우리들은 관상학 시대에서 이미 한 걸음, 한층 더 현대의 얼굴에 접근하고 있다. 앞서 살펴본 것처럼 관상학은 낯선 얼굴이라고 하는 텍스트를 읽는 방법이다. 간파한다, 내심을 읽는다, 진의(眞意)를 더듬어 찾는다. … 그 코드는 「외면에 감춰진 내면을 읽는」 것이고, 반대 입장에서 말하면 「내면을 읽히지 않는」 것이었다. 거기에 결여된 것은 외면을 드러내고 과시한다는 방향성이다. 그리고 이 방향성이야말로 모데르니테에서 출현하여 현대에 이르는 방향성이 아닐 수 없다. 창부에게 매료된 보들레르가 이 방향성의 선상에 위치하고 있는 것은 말할 것도 없지만, 그 보들레르를 이해하면서 문자대로 그 얼굴을 캔버스에 그려 보여 주는 화가가 있다. 마네다.

베르너 호프만의 마네론인 『나나』는 창부의 얼굴과 시선을 논리 전개의 열쇠로 하면서 보는-보여지는 관계성을 논하고 있는 점에서, 모데르니테의 얼굴의 담화에 대해 시사해 주는 점이 많다. 마네가 그리는 「나나」는 이제까지 서술한 현대 생활의 디스커뮤니케이션을 한 장의 그림에 담아 보이고 있다. 한 여자가 실내에 선 채 거울 앞에서 화장을 하고 있다. 화면 오른쪽 구석에는 실크 해트를 쓴 신사가 앉아 있다. 하지만 그 신사는 의도적으로 반신(半身) 일부밖에 그려져 있지 않고, 보는 사람은 그가 조역이라는 것을 곧 알아차린다. 화면의 중앙을 차지하고 있는 것은 속옷 차림의 나나다. 시선은 신사 쪽을 보지 않고 이쪽을 보고 있다. 신사는 거기서 막연하고 「멍한」 시선을 실내로 향하고 있을 뿐이다. 두 사람의 시선은 조금도 마주치지 않고 허공에 떠 있다. 보는 사람은 바로 그 시선의 마주침이 없음을 그곳에서 읽는 것이다. 여기서 호프만의 말을 인용해 보자.

분명히 이 그림의 구경거리는 이 여자인 것이다. 이것을 여자 쪽도 잘 알고 있다. 그녀가 우리의 시간자적(視姦者的) 관심에 대해 그 시선으로 분명히 응답하고 있기 때문이다. 이 시선이 실크 해트의 신사를 수동적인, 아니, 더욱 정확하게는 여자에게 속고 있는 단역으로 바꿔 버린다. 하지만 이 시선은, 그것을 받아들이는 측에게 분명히 「시간과 함께 바뀌게」 되리라는 암시도 보내고 있다. 결국 이 시선은, 오늘은 감쪽같이 공범자가 되었다고 하더라도 내일은 실크 해트의 남자처럼 단역이 되어 물러나 버리게 될지도 모른다는 것을 이야기하고 있는 것이다. 여자는 자신이 이중 역할을 연기하고 있는 것을 숙지하고 있다.

　여자의 시선은 아무도 아닌 누군가에게, 누구라도 될 수 있는 누군가에게 향하고 있다. 상대는「시간과 함께 바뀌게」되는 것이다. 지속되는「마음을 터놓은 교제」의 요소는 이 그림에서 모두 배제되고 있다. 오히려 그 같은 친밀성의 반대물 모두를 이 그림은 제시하고 있다. 시선은 마주치는 일 없이 우연에 맡겨진 채, 은밀해야 할 실내는 보는 사람 앞에 개방되어 있다. 나나는 실내에「감춘 것」을 모두「과시하고」있는 것이다.「반은 벗고 반은 입은」나나의 포즈는 시선에 대해, 그 이상의 내적인 <깊이>를 읽는 것을 거절하고 있는 것이다. 그녀는 내부를 엿보는 무례한 시선에 놀라는 일 없이, 오히려 그 시선을 도발하고 있다. 그녀는 내부를 타자의 시선에 드러내고, 실내를 <광경>으로 바꾸고, 화면 표면의 투명성으로 내면의 투명성을 차단하고 있는 것이다. 이렇게 해서 그녀는 실내-실외라는 대립을 무효화하고 있는 것이다.

　실외 광경으로 변하는 실내. 마네는 이렇게 해서 안과 밖의 경계를 애매하게 하는 여러 가지 장(場)을 묘사하고, 모데르니테의 토포스를 묘사해 간다. 카페, 야외 음악회, 선술집, 페리 베르젤 … 결국 반은 사적이고 반은 공적인 장소, 공-사라는 이항 대립(二項對立)이 무효화해 가는 듯한 장소, 그것을 마네는 그려 낸다. 서로에게 낯선 사람들이 모이면서, 우연히 지나치는 관객과 배우의 역할을 서로 번갈아 연기해 가는 듯한 장소를. 예를 들면,「발코니」그림도 이러한 장소의 전형이다. 발코니에서 밖을 보고 있는 인물은 동시에 보여지고 있는 자이기도 하다. 발코니는 실내이기도 하고 실외이기도 한 것이다. 재차 호프만의 말을 인용하자.

　도시 생활자는 「사회의, 공적(公的)이고 내밀(內密)하기도 한」 전시 장소, 결국 극장이나 카페·콘셀, 해안이나 경기장, 화장실과 스케이트장에 몸을 두고 있는 것이다. 이러한 인간들은 언제라도 관찰자로서 살면서 자기 자신을 타인에게 과시하기도 한다. 열쇠 구멍의 원근법은 소용없게 된다. 어떤 경우에도 사람 눈에 띄게 되어 있는 것이다.

　그들 도시 생활자들은 이미 타인의 얼굴을 깊이 있게 읽는 일이 없으며, 일부러 거짓 얼굴을 해 보이는 것도 아니다. 외견 밑에 감추어진 깊은 진실의 탐구는 산만한 관찰로 바뀐다. 쇼윈도에 전시된 화려한 상품의 외견 밑에서 보다 깊은 진상을 찾으려고 하거나 하지 않는 것과 완전히 마찬가지로, 사람은 타자에게 변덕스러운 시선을 던지고, 자신 또한 타자의 변덕스러운 시선의 대상이 되는 것이다. 시선은 농밀하게 교차하는 일 없이 산만하게 엇갈린다. 보지 않는 것처럼 보고 또한 보여지는, 이 산만한 시선의 디스커뮤니케이션이야말로 모데르니테의 특질인 것이다. 이처럼 상호간에 마주치는 일이 없는 시선은 「발코니」에서 「풀밭 위의 식사」까지, 마네 그림의 두드러진 특징 중 하나를 이루고 있다.

　그렇지만 「풀밭 위의 식사」는 소리와 얼굴의 두드러진 대립을 그려 내고 있어서 흥미롭다. 거기에 그려진 나체의 여자는 나나와 마찬가지로 스스로가 전시물인 것을 숙지하면서, 보는 자의 시선에 응하며 도발하고 있다. 오른쪽 남자가 그 여자에게 말을 걸고 있지만 여자는 귀를 기울이지 않고, 우리 쪽으로 주의를 향하고 있다. 여기에서도 인물들의 관계성은 의도적으로 <서로

뒤엉킴>을 제거하고 있는 것이다. 그리고 이 그림은 그들의 디스커뮤니케이션 안에서도 특히「소리」의 단절을 멋지게 표현하고 있다. 호프만은 이렇게 서술하고 있다.「남자가 웅변으로 말을 걸어 주의를 환기시키고 있는데도 누구도 그것에 귀를 기울이고 있지 않다.」소리의 단절, 바로 그것은 친밀성의 상실이다. 그리고 소리의 상실과 함께「얼굴」은 이미 읽을 수 있는 텍스트로서의 성격조차 상실한 채 전시된 오브제(Objet)로 변하고 있다.

모드(mode)의 얼굴

여기에 나타난 얼굴은 이미 그 외면 밑에 무엇을 숨기는 것도 없이, 외면 그대로 자신을 과시하고 있다. 불특정 다수에게 자신을 드러내면서 은밀한 내면을 배제한 얼굴. 그리고 이 얼굴은 또 삶의 지속성을 배제한 얼굴이기도 하다. 어느 한순간 여자는 이쪽을 본 것이다. 그 눈은 나나와 마찬가지로, 다음 순간에는 응시하는 상대가 다른 누구인 것을 알리고 있다.「스쳐 지나가는」얼굴, 스쳐 지나가는 사람이기에 지속적인 관계성을 벗어나 시간의 우연에 맡겨진 얼굴, 소리가 소리를 부르고, 서로 응대하고, 교제해 가는 것에 대해 그 소리에 귀를 기울이지 않은 얼굴은 지속적인 커뮤니케이션을 거절하고 있다. 여자는 지속적인 친밀성을 거절하면서 불특정 다수와 엷은 커뮤니케이션을 선택하고 있는 것이다. 바로 나나처럼.
그리고 나나와 마찬가지로 그 여자는 유혹적이다.「당신만을」대신에「누구라도」를 선택하고, 그리고 잠깐 동안은「당신만을」

인 척하는 모습을 보이는 코케트리(coquetterie, 교태, 추파-역자). 누구에 대해서도 <거짓>이며, 그렇기 때문에 더욱 엷은 유혹을 뿌리고 있는 얼굴. 진실은 조금도 없는, 철저하게 「진정」이 결여된 그 얼굴을 우리는 모드(mode)의 얼굴이라고 부를 수 있을 것이다. 아무리 가까이 간다 해도 진실에 도달하는 일이 없는 그 얼굴은, 바로 그 내면의 공허함 때문에 사람을 유혹한다. 그 눈은 사실 누구도 보려 하고 있지 않다. 그렇기 때문에 그것은 틀림없는 창부의 얼굴인 것이다.

그리고 마네가 그리는, 이 나나란 창부의 현대성은 그녀를 신화적인 영원성에서 풀어 주고, 「어느 여자에게도 있을 수 있는 상황」으로 그리고 있다는 점에 있다. 그것은 우발적인「삶의 단편」의 광경인 것이다. 도시에 사는 어떤 여자도 잠재적으로 모두 나나라는 창부일 수 있는 것이다. 마치 실크 해트를 쓴 신사가 잠재적으로 어떤 남자일 수도 있는 것과 마찬가지로. 군중 속에서는 누구나 관찰자이면서 배우고, 보는 자이면서 보여지는 존재인 것을 피할 수 없다. 창부적인 상황-시간적(視姦的)인 시선-은 모데르니테의 도시에 사는 사람들이 부단히 노출되는 생활상인 것이다. 「페리 벨젤의 바」를 말하는 호프만은 이러한 현대 생활상을 훌륭하게 이야기하고 있다. 그 「기분 전환과 유흥의 세계 속」에 있어서 중앙에 서 있는, 인기 있는 소녀는 「술병이나 글라스와 마찬가지로 그녀 또한 바의 쇼 윈도의 오브제 중 하나인 것이다. 그리고 그러한 오브제 또한 페리 벨젤이라는 이름의, 거대한 쇼 윈도의 일부인 것이다.」이 쇼 윈도 안에서는 「누구나 보려 하고, 보여지려 하고 있다. 보고 싶다는 욕구가 과시하고 싶다는 욕구와 호응하고 있다.」

그 쇼 윈도의 내부, 팔리는 오브제며 시선의 오브제인 소녀는

「멍한」시선을 하고 서 있다. 그 눈은 사람들 시선에 끊임없이 드러내지면서 스스로는 이미 되돌아보는 것을 잊은 것처럼, 누구의 시선에도 응답하려 하지 않고 공허(空虛)를 비추어 내고 있다. 벤야민이 시선의 아우라(aura, 靈氣, 영적인 기운-역자)에 대해 서술한 말을 상기해 보자. 벤야민은 말하고 있다. 「시선에는 주시하는 것으로부터 다시 주시받고 싶다고 하는 기대가 내재한다.」 「주시받고 있는 사람, 또는 주시받고 있다고 느끼는 사람은 눈을 깜빡인다. 어떤 사상(事象)의 아우라를 경험한다는 것은 그 사상에 눈을 깜빡이는 능력을 부여하는 것이다.」 「활발한 <뒤엉킴>이 없는 인간 관계」라는 것은 이처럼 상호적인 시선의 교차가 부재하는 듯한 인간 관계가 아닐 수 없고, 이런 의미에서 아우라 없는 시선이 오가는 토포스야말로 여기에서 우리들이 말하고 있는 모데르니테의 세계다. 벤야민이 말하는 것처럼, 그곳에서는 「인간의 시선에 반응을 구하는 절실한 기대가 허무하게 끝나 버린다.」

그 허무함은 모데르니테의 환락의 토포스 인간 관계의 허무함 그 자체다. 시끌벅적한 수다로 가득 차고, 떠들썩함으로 가득 찬 환락의 장소에서 누가 진정으로 가득 찬 시선을 주고받을 것인가. 결코 거기에서 친밀한 대화가 나누어지는 일은 없을 것이다. 그 잡스러운 떠들썩함은, 속내를 서로 열어 보이는 「소리」의 대화로부터 끝없이 사람을 멀리한다. 도시의 쇼 윈도 내부, 누구나 멋대로 지껄이지만 그 어떤 소리도 타인의 내면에 들어가는 것은 있을 수 없는 것이다. 다성(多聲)이면서 끝없이 일방적이어서 「허물없는 대화」를 불가능하게 만들어 가는 디스커뮤니케이션의 토포스. 마주치지 않는 시선과 소리의 장(場). 내면의 세계에 잠기는 「고독한 산보자」가 가장 꺼리는 그 토포스에서 이미 사람은 낯선 얼굴에 불안을 느끼는 일조차 없이, 관상학은 이미 쓸모 없는 것이 되어 버린다. 사람은 이미 낯선 얼굴의 존재에 익숙하고, 관계성의 희박함과 우발성을 즐기기조차 하는 것이다. 누구나 창부와 같은 얼굴을 하고, 자신의 모습을 거울에 보이면서.

농밀한 교제를 배제한, 이러한 모드의 얼굴은 근대 군중의 토포스 이외에서는 발생할 수 없다. 모드의 우아함은 한정된 커뮤니케이션의 <협소함>을 타파하고, 익명성을 향해 열려진 장(場)과 함께 나타난다. 소냐 리켈(Sonia Rykiel, 패션 디자이너-역자)은 말하고 있는 것이다.「나의 개인적인 공간은 거리고, 거리는 나의 무대다.」그녀의『축제』는 바로 모드를「여배우」의 이름으로 말하면서 자신을「과시하는」쾌락을 노래하고 있다. 모드의 얼굴은 여배우인 나나의 후예인 것이다.

모드라는 것이 결국 시각의 우위(優位)라고 한다면 그것도 당연할 것이다. 그리고 현재, 근대 도시에서 발생한 이 모드의 얼굴은 미디어에 있어서 오직 증식(增殖)의 한 길만을 걷고 있다. CF를 비롯해서 미디어의 스크린은 끊임없이「예쁜」얼굴을 비춰 내고는 우리에게 뭔가를 말하고 있다. 그 얼굴들은 사적인 내밀성을 단절하고, 만인(萬人)에게 뭔가를 말하는 것이다. 그 얼굴들은 끊임없이 일방적인 담화를 계속한다.「당신」만을 지명하면서도 그「당신」이 언제라도 대체 가능한 임의의 누군가와 다르지 않은, 미디어에 나타나는 얼굴은 언제나 창부인 나나의 얼굴이다. 만약 그 얼굴의 메시지를 진정으로 받아들인다면,「당신」은 속고 있는 실크 해트의 신사가 되어 버리는 것이다.

아니, 오히려 이렇게 고쳐 말해야 할 것이다. 현재의 우리들은 언제나 서로 그 나나고, 또 그 신사인 것이라고. 활발한 <뒤엉킴>을 제거하고 있을 수 있는, 유일한 관계성은 상품과 구매자인 듯한 관계. 미디어의 얼굴은 정말 이러한 관계 속에 떠오르는 얼굴이다. 우리는 거기에 이미 무엇 하나 진정을 기대하지 않고, 시선의 마주침을 기대하지 않으며, 「산만한 관심」의 시선만 보내고 있다. 미디어 속에 등장하는 얼굴의 증식에는 엷게 부풀린, 산만한 관심이 호응하고 있다. 일부러 드러내 보이는 얼굴이나 보는 시선도 서로 교착(交錯)하는 일 없이, 「페리 벨젤이라는 이름의 거대한 쇼 윈도」 안에서 서로 엎치락뒤치락하면서 관계성 없는 관계성을 맺고는 다시 풀어 간다.

 우리는 이처럼 친밀한 커뮤니케이션의 상실을 슬퍼해야 할 것인가. 결코 대화는 아닌 담화의 홍수 같은 흐름을 한탄하고, 이미 텍스트조차 없는, 무의미한 모드의 얼굴이 범람하는 것을 한탄해야 할 것인가. 바로 이와 같은 탄핵을 루소는 동시대에 들이대었던 것이다…. 친밀한 타자와의 사이인 만큼 「한정된」 커뮤니케이션, 이것이 루소가 추구했던 이상의 공동체였다.

 그렇다고는 하지만 그렇게 해서 루소가 추구했던 커뮤니케이션의 한정성이 깨뜨려지고, 인간 관계가 무한정한 확대 안에서 이산(離散)되며, 모드와 미디어가 발신자도 수신자도 분명하지 않은 매스 커뮤니케이션의 장(場)으로 확산되어 얼굴이 불확실한 커뮤니케이션의 홍수에 그대로 드러나 있는 현재, 불가사의하게도 완전히 다른 회로로부터 「소리」가 회귀하고 있는 것 같은 징조가 있다. 그것도 미디어의 한가운데서…. 바로 전화라는 커뮤니케이션이 그것이다. 얼굴을 보여 주지 않고 또 보이지 않는, 어떤 종류의 내밀한 담화를 주고받는 장(場), 전화는 아마 이와 같은 장(場)이라고 말할 수 있을 것이다. 게다가 이 텔레커뮤니케이션의 장은 공간의 제한을 초월하여 확대되어 간다. 장소가 없는 커뮤니케이션이다. 거기에서는 익명성과 친밀성이 기묘하게 섞인, 일종의 열려진 게임의 장(場)이 만들어지고 있다.

얼굴이 없고 신체도 없는 소리의 담화…, 과연 이것은 얼굴을 잃어버리고 이름을 잃어버린 대중의, 극히 사적인 유토피아인 것일까. 그렇지 않으면 그 담화는 개인성을 <여는> 커뮤니케이션으로 연결되어 가는 것일까. 모데르니테로부터 시작된 얼굴과 목소리의 행방, 이 행방을 고찰하기 전에 잠시 19세기의 「친밀권(親密圈)」 영역을 살펴보기로 하자. 「모드의 얼굴」이 출현하기 전, 여자들이 입을 다물고 있던 사적(私的) 영역, 죽은 듯이 조용한 <소리 없는 방>을.

4. 소리 없는 방

여러 가지 침묵

저녁 길에 행상 소리가 들리고, 이윽고 다가온 밤과 함께 불바르에 환락의 술렁거림이 넘칠 무렵, 집 안에는 침묵이 깔린다. 낯선 얼굴과 얼굴이 엇갈리는 거리에서 때때로 들려오는, 스쳐 지나가는 소리를 뒤로하고 실내에는 고요한 정적이 흐른다. 조용해진 방안, 젊은 여자가 혼자 소설의 페이지를 넘기고 있다. 읽으면서 여자는 어느덧 꿈의 세계에 마음을 빼앗겨 간다….

「실내(室內)의 세기」인 19세기, 여자들은 <소리 없는 방>에 몸을 숨긴다. 한 페이지, 또 한 페이지에 그녀의 눈이 쫓아가는 책의 내용은 소리 내지 않고 마음속에 들어온다. 서적이라고 하는 은하계는 처녀의 꿈을 만들어 가는 것이다. 그 꿈속에서 문자화된 소리는 귀에 울리지 않고, 「내면」이라는 침묵의 영역에 전달된다. 창가든 정원 한구석이든 독서하는 여자의 주위에는 언제나 조용한 침묵이 감돈다. 마르그리트 뒤라스(Marguerite Duras, 1914~1996, 프랑스의 여류 작가, 1984년에 『연인

L'Amant』으로 공쿠르(Goncourt)상 수상―역자)는 말했던 것이다. 「분명히 사람은 언제나 어둠 속에서 읽을 것이다…. 읽는다는 것은 밤의 어둠의 것이다. 한낮에 문밖에서 읽고 있는 시간조차 책의 주위에는 밤이 깃들인다.」

남자들이 서적의 작가로서 서기 행위(書記行爲)라는 「섬」의 정복에 나선 낭만주의 시대, 그들이 생산한 책의 독자가 된 것은 그녀들이다. 군대와 같이 정연한 활자가 줄지어진 서적이라는 섬은 로빈슨들이 영유하는 영역인데, 활자 문화의 융성과 함께 여자들은 또 하나의 섬 안으로 유폐되어 간다. 즉, 「집」이다. 살롱의 세기이기도 했던 18세기가 여전히 「소리의 공간」을 만들었던 것에 대해, 19세기를 특징짓는 것은 차츰 넓어져 가는, 침묵의 독서라고 하는 행위다. 이른바 그 시기는 <소리 없는 방>의 시대였던 것이다.

그렇더라도 19세기 전반, 독서하는 여자의 수는 극히 제한되어 있었다. 교육 개혁이 열매를 맺어, 읽고 쓰는 능력이 확대되는 것은 제2 제정(帝政)을 맞이하지 않으면 안 되었다. 낭만주의의 전성기, 책을 읽는 여자는 비교적 부유한 중산층 이상의 계층에 한정되고, 읽고 쓰는 것이 어려운 여자들의 수는 결코 적지 않았다. 예를 들면, 조금 극단적인 경우지만 발자크의 소설에 묘사된 창부들이 좋은 예일 것이다. 『창녀 성쇠기』에서 창부인 에스텔은 읽고 쓰는 것은커녕, 기도하는 말조차 말하는 것이 불가능한 상태였다. 진실한 사랑에 눈뜨고, 더럽혀진 자신의 몸을 수치스럽게 여기며 회개를 기원하는, 이처럼 가련한 창부는 사제로 가장한 뷔트랑을 향해서 다음과 같이 말한다. 「…나는 저 마리아님 상을 사 와서 내가 할 수 있는 기도를 올렸습니다. 그런데 나는 기도의 말이라는 것을 전혀 모릅니다.

읽는 것도 쓰는 것도 하지 못합니다.」 상대 남자가 신도 두려워하지 않는 극악인(極惡人)이라는 것을 전혀 알지 못하는 그녀는, 그 거짓 신부에게 기도의 말을 가르쳐 주도록 부탁한다. 「"나에게도 신께 기도를 할 수 있도록…." 이 사제가 이 유녀(遊女)에게 아베마리아와 파텔노스텔을 프랑스어로 불러서 가르쳐 주는 부분은 참으로 감동적인 광경이다.」

물론 이 창녀 에스텔과 같은 예는 극단적인 경우에 틀림없지만, 소설의 무대는 왕정 복고 시대, 당시의 여자 교육은 뒤떨어져 있었고, 아직까지도 수도원이 처녀의 교육을 담당하고 있던 것이 실정이었다. 사실 이 소설은 뷔트랑의 기도로 인도된 에스텔이 수도원에 들어가 읽기와 쓰기 교육을 전수받은 후, 다시 파리에 되돌아온다는 줄거리로 전개되어 간다.

천사도 유혹할 정도로 아름다운 이 「창녀」가 그렇게 배워 익힌 능력을 어떻게 사용할지, 여기에서도 이 소설은 또 낭만주의 시대의 여자에 대해서 가르쳐 주는 점이 많다. 글자 쓰기를 배운 처녀는 편지를 쓸 수 있게 되는 것이다. 그렇다, 「연애 편지」다. 게다가 그 연애 편지는 진실한 연인에게 보내지는 것뿐만 아니고, 파리 굴지의 은행가인 누싱겐을 조종하는 방법의 하나로도 사용된다. 연애 편지나 유서 같은 것이 작품의 요소 요소에서 중요한 역할을 수행하고 있는 이 소설은 읽고 쓰기라고 하는 능력에 대해, 더욱이 또 「서한(書翰)」이라는 육필 문서가 가진 의미에 대해 다시 생각하게 해 준다. 샤르체가 그의 독서론에서 강조하고 있는 것처럼 당시의 민중 층에서 읽는 능력과 쓰는 능력 사이에는 상당한 괴리가 있었고, 예를 들면, 활자체는 읽을 수 있어도 필기체는 읽을 수 없는 예도 적지 않았다. 그래서 사적 영역에 위치한 <편지>는 인쇄물이 제패하고 있던, 이 19세기에 있어서 여자들이 쓰는 능력을 발휘할 수 있는 은밀한 영역이었다. 소리 없는 방에 있던 여자들은 정적 속에 혼자 글을 쓴다…. 활자체 서적과 비교할 때에 편지는 아직도 <소리>와 가까운 곳에 존재하고, 마음속 생각을 말하기에 어울리는 글(letter)이었다고 말할 수 있다. 물론 그 소리는 친밀한 「내면의 소리」고 침묵의 소리였으며, 소리의 커뮤니케이션과는 거리가 멀다. 방안에서 혼자 몰래 읽는 연애 편지는 음독으로부터 가장 멀리 떨어져 있다. 소리가 금지된 문자인 것이다. 역으로 말하면 편지와 독서는 집이라는 「친밀권」에 몸을 둔 여자들이 은밀하게 내면의 소리를 키우고 표현하는 방법이었던 것이다.

 더욱이 그러한 침묵의 소리라면 독서나 편지와 함께 또 하나, 마음의 소리를 빌려서 표현할 수 있도록 여자들에게 주어졌던 것이 있다. 피아노가 그것이다. 『사생활의 역사』는 낭만주의 시대의 소설 속에서 여자들이 피아노를 치는 장면이 얼마나 많은가를 이야기하고 있다. 「그 중의 반수가 젊은 처녀고, 4분의 1이 기혼녀. 피아노라는 악기가 대유행하기 시작한 것은 1815년부터였다. … 7월 왕정(王政) 사이, 피아노는 소부르주아 층에 보급되어 가고, 그 후 대중화된다.」 여기에서 말하는 것처럼 「때로는 피아노는 금지된 사랑을 향한 추모의 울림이 되어, 부재(不在)의 연인을 향한 고독한 전언(傳言)이었다.」 방안에서 그렇게 여자들은 소리로 낼 수 없는 내면의 소리를 피아노를 빌려 표현하고, 편지를 빌려 표현하고, 그래서 책을 빌려 표현한다. 소설은 그녀들의 로마네스크한 몽상·공상을 기른, 꿈의 새[鳥]였던 것이다.

「글」을 사랑한다

이렇게 로마네스크한 꿈에 애를 태운 여자라면 바로 떠오르는 것이 보바리 부인일 것이다. 소설에 빠진 이 유부녀는 허구와 실제 인생을 착각하고 만다. 「19세기의 독서하는 여자」의 전형인 보바리 부인을 말하면서 미야시타 시로(宮下志郎, 1947년생, 도쿄대 교수, 르네상스 문학 연구가-역자)는 당통의 독서론을 언급하고 있지만, 샤르체가 편집한 『서적으로부터 독서로』에 수록된 당통의 독서론인 「루소를 읽는다」는 낭만주의 소설 읽기에 대해 지극히 시사하는 바가 많다.

당통에 의하면, 루소는 파리 사교계의 엘리트 독자들과 거리를 두고, 사람이 북적거리는 도회지로부터 멀리 떨어진 「고독한」 마음에 직접 말을 거는, 새로운 독서법을 가져왔다고 한다. 루소에 의해서 「저자와 독자라는 두 사람의 고독한 인간 사이에 새로운 커뮤니케이션의 회로가 열렸다」는 것이다. 저자 한 사람의 서기 행위(書記行爲)에 한 명의 독자가 감정 이입을 하면서 읽어 간다. 저자와 독자는 어느 하나의 「장해」도 없는 투명한 줄로 맺어져 가는 것이다. 사실 얼굴이 없는 내면이란 「투명」한 것이다. 그런 독자와 새로운 유대를 맺어야만 하는 루소는 서간체라는, 투명한 서기 행위를 선택한다. 가장 허구로부터 거리가 멀고, 인생의 진실에 가까이 갈 수 있는 장르를.

「그는 일종의 논픽션인 것 같은 장르, 소설 같지 않은 소설, 투명한 서기 행위를 통해서 두 정신이 직접 교감한다는 환각을 불러일으키는 장르를 선택하는 것이다.」 독자는 그 서기 행위에서 자기 자신의 마음을 읽어 내고, 자신의 내면의 소리를 듣는

4. 소리 없는 방 85

다. 왜냐하면 루소의 담화는 가면을 벗은 <나>의 소리의 서기 행위이기 때문이다. 「독자는 루소의 저작 중에서 그의 소리를 알아듣고 있었다」는 것이다.

　외부 세계로부터 고립된 「친밀권」 속에 틀어박혀서 혼자 책을 탐독하고 꿈의 세계에 빠지는, 그런 독서를 지배하고 있는 것은 침묵의 소리다. 작가의 소리와 독자의 소리는 거기에서 하나로 되어 친밀한 「내면」을 형성해 간다. 남편의 눈을 속이고 소설을 탐독한 엠마 보바리는 이렇게 형성된 「근대적」 독자의 전형임에 틀림이 없으나, 19세기 전반은 이 외에도 많은 엠마들을 낳고 있다. 발자크의 여주인공 중에도 얼마나 많은 엠마가 있는 것일까.

　그다지 읽혀지지 않는 작품이지만, 『모데스트 미뇽』이라는 소설의 여주인공 또한 전형적인 「독서하는 여자」다. 르앙이라는 시골 마을에 살면서 엄청나게 많은 소설을 읽고, 소설 속의 사랑에 빠져 있는 모데스트는 명백히 엠마의 계보를 형성하는 여자들 중 한 명이다. 공증인의 딸로서 응석받이로 자란 이 여자는 읽기와 쓰기는 말할 것도 없고, 독일어와 영어의 소양을 쌓고, 3개 국어의 책을 읽는다. 앞서 언급한 창녀인 에스텔이 극단적으로 글을 몰랐던 것이 이 시대의 한쪽 극한이었다고 한다면, 모데스트와 같이 예외적인 교양을 전수받은 중산 계급의 딸이라는 것 또한 다른 한쪽의 극한이었을 것이다. 그 모데스트의 애독서로 꼽히는 것은 어느 것이나 낭만주의 대작가들의 작품이다. 바이런, 괴테, 쉴러, 월터 스코트, 라마르틴 그리고 물론 『신 엘로이즈』도….

　부모가 모르는 곳에서 그런 책들을 탐독하며 지내는 모데스트의 마음에는 엠마처럼 또 한 사람의 인생이 깃들여 있다. 즉,

공상의 인생이. 「마치 수도원보다 더 조용한 그 생활에는 폭풍우처럼 격정적인 인생이 잠재하고, 관념의 삶, <영계(靈界)>의 삶이 숨어 있었다.」 「책을 탐독하던 시기가 지나자 모데스트의 내면에는 격렬한 상상력에 주어지는, 저 이상한 능력이 작동을 시작하고 있었다. 스스로 배우로 변해서 꿈처럼 만들어진 인생을 연기하려고 하는 능력이다.」 확실히 모데스트는 허구에 사로잡혀 사는 「독서하는 여자」의 전형일 것이다.

엠마의 경우와 마찬가지로, 주위 사람은 누구 하나 딸의 가슴을 태우는 「공상의 인생」을 눈치채지 못한다. 그렇지만 가족 중에 한 사람만이 불안과 더불어 그것을 눈치채는 인물이 있다. 눈먼 어머니다. 시력을 잃고, 보이는 사물에 속는 일이 없는 이 어머니는 모데스트의 「목소리」로 그것을 알아듣는 것이다. 여리고 아름다운 딸의 목소리가 심상치 않은 뭔가를 말하고 있는 것을 어머니의 귀는 놓치지 않고 듣는다. 다만 그 뭔가가 설마 책일 것이라고는 짐작도 못할 뿐이다. 그리고 어머니가 알아듣는 것은 딸의 목소리뿐만이 아니다. 이 모데스트는 피아노를 친다. 작품의 설정은 바로 왕정 복고 시대『사생활의 역사』에서 본 것처럼, 확실히 피아노는 「부재하는 연인에게의 전언」 역할을 다하고 있다. 모데스트는 부모에게 숨긴 「마음」속의 꿈을, 무심결에 즉흥곡을 빌려 이야기를 꺼내는 것이다. 피아노의 그 이야기를 귀 밝은 어머니는 알아듣는다. 「"모데스트가 치고 있는 것을 들어 보세요." 미뇽 부인이 그들에게 말했다. "음악을 알지도 못하면서 저런 멜로디를 작곡할 수 있는 사람은 사랑을 하고 있는 처녀뿐이랍니다…."」

독서와 피아노. 19세기 여자들의 「소리 없는 방」에 나타나는 것 중 두 가지가 여기에 등장하고 있지만, 그 이상으로 이 소설에서 결정적인 역할을 다하고 있는 것은 제3의 수단 즉, <편지>다. 이 소설은 편지 소설인 것이다. 더구나 모데스트가 쓰고 있는 것은 단순한 연애 편지가 아니다. 르앙의 고향에 묻혀 사는 이 「독서하는 여자」는, 수도인 파리에서 잘 나가고 있는 낭만파 시인인 카나리스 앞으로 팬 레터를 쓰는 것이다. 서점의 책꽂이에서 눈에 들어온 시인의 초상화가 그녀의 결심을 재촉한 것이다. 덧붙여 말하면, 발자크는 바이런풍으로 머리카락을 휘날리게 한 카나리스의 초상화에 대해서 「영업용의 숭고한 풍모」라고 말하고 있다. 작가의 우상화 현상이 이미 일어나 있던 사실을 말하고 있어서 재미있지만, 「고독한 영혼이 직접 만나는 듯한」 낭만주의적인 독서 본연의 방식이라는 것과 함께, 팬 레터라는 현상이 생겨난 것도 독서 문화사의 한 측면일 것이다. 이 줄거리가 발자크 자신의 작가 경험을 근거로 한 것이라는 것은 당연한 일이지만, 팬 레터를 받은 카나리스의 반응 또한 발자크 자신의 그것을 생각나게 해서 흥미롭다. 데스트라는 가명을 사용해서 모데스트가 보낸 편지를 읽는 사람은 그 시인이 아니고 바로 비서다. 비서인 남자는 편지에 배어 있는 처녀의 재기와 순수한 마음에 감동되지만, 그 비서의 말을 건성으로 들으면서 카나리스는 이렇게 대답하는 것이다. 「이것 봐, 자네, 첫 편지나 두 번째 편지라면 자네와 같은 말을 했을 거야. 그러나 그것이 서른 통째가 된다면 말이지….」 이렇게 해서 상대하려 하지 않는 유명 작가를 대신해서 비서가 답장을 쓴다. 시인의 이름을 가장하여 자신의 개인 감정을 적고 허실(虛實)이 섞인 편지를 보내는 비서에 대해, 한편 모데스트 또한 공상을 섞으면서 그 편지에 답장을 주고받는다. 파리와 지방이라는 공간적 거리를 활용하면서, 복잡하게 얽힌 허실(虛實)의 흥정을 전개해 가는 이 소설에 있어서 편지는 일종의 허구 속의 허구와 같은 역할을 하고 있다.

서간체 소설의 변용이라는 시점에서 보더라도, 혹은 편지라는 커뮤니케이션론에서 보더라도 이 소설은 여러 가지 재미를 내포하고 있는 것이지만 여기서 우리들의 최대 관심은 「독서하는 여자」고, 19세기 전반의 독서라는 행위다.

마음을 뺏길 정도로 책의 세계에 열중하게 되고, 정신과 정신이 직접 맞닿는 듯한 투명하고 농밀한 교감을 경험하기 위해서는 분명히 「묵독」이라는 읽기가 가장 적합했을 것이다. 모데스트나 엠마나, 그녀들은 모두 금지된 쾌락으로서 책에 몸을 맡기고 있는 것이기 때문에 원래부터 「음독」 등은 생각도 할 수 없는 행위다. 그녀들은 소리 없는 방안에서, 작가의 침묵의 소리에 자신과 자신의 내면의 소리를 듣고 있던 것이다.

샤르체의 독서론에는 그런 여자들의 「소리 없는 방」에 정말 잘 어울리는 물건 몇 가지가 언급되고 있어서 흥미롭다. 「18세기의 가정에는 친밀하고 사적인 행위로서 독서에 아주 적합한 것」이 있는데, 하나는 넉넉한 독서용 안락의자고, 또 하나는 읽을 때에 걸치는 실내복이다. 이름조차 리즈즈(독서하는 여자)라고 불린 그 실내복은, 침실이나 살롱에서 누구에게도 방해받는 일 없이 독서를 즐기기 위한 의복이었다. 그 외에도 「서면대(書面臺)에 소형 책장을 접속할 수 있는 책상인 보늘 듀 주르」가 있다. 샤르체는 「이것들은 어느 것이나 정신적인 긴장도가 높은 독서를 위한 것이다」라고 말하고 있지만, 모데스트가 「아버지가 선물한 중국풍 책상」에서 열심히 편지를 쓰고 있던 것처럼, 책상은 독서뿐만 아니라 편지를 쓰는 데에도 사용되었던 것임에 틀림없다. 아무튼 보늘 듀 주르라는 우아한 가구는 읽고 쓰는 교양을 갖춘 여자들이 혼자 내실에서 맛본, 은근한 쾌락을 생생하게 생각나게 하는 가구다.

기분 전환으로서 독서로

이러한 가구에서도 엿볼 수 있듯이 「묵독」이라는 행위가 지극히 사적이고 고독한 쾌락이었다고는 해도, 19세기에 음독 습관이 완전히 없어져 버린 것은 아니다. 씌어진 것은 더욱더 음독되고, 공공적인 공간에서 읽히는 것이기도 했다. 예를 들면, 왕정 복고 시대에 번성한 독서 클럽에서는 남자들이 신문을 소리 내어 읽고 있는 광경을 볼 수 있었다. 아마 거기에는 신문이라는 미디어가 내밀성보다도 공공성에 문이 열려 있다는 이유도 클 것이다. 확실히 맥루한이 말하는 것처럼 수많은 인쇄물 중에서도 서적이라는 미디어는 가장 「닫혀진」 미디어고, 뜨거운 미디어인 그것은 높은 집중도를 요구하고, 묵독이라는 읽기 방법을 강제함으로써 독자에게 「내면으로 철퇴(撤退)」를 강요하는 것이다.

그렇지만 독서의 문화사 전반을 생각할 경우, 인쇄술의 발명이라는 테크놀로지가 바로 묵독으로 연결되어 갔다고 간단히 단정할 수는 없을 것 같다. 샤르체가 『독서의 문화사』에서 강조하는 것 중의 하나는 묵독이라는 행위가 구텐베르크 이전부터 시작되고 있었다는 것이다. 책을 읽는 데에서 소리가 상실되고 있던 역사는 9세기 내지 11세기로 거슬러 올라가, 수도승들 사이에서 시작된 묵독은 그 후 대학을 거쳐 14세기의 귀족들에게로 확대되었다고 한다. 물론 그 사이에도 압도적으로 지배적이었던 것은 음독이고, 그리고 그 음독이 서민 사이에서는 19세기 말부터 20세기 초까지 존속하고 있었다고 한다. 샤르체는 서적의 역사에 있어서 오로지 구텐베르크의 인쇄 기술 혁명이 결정적인 신기원을 이루었고, 그것이 「소리의 문화」의 소멸을 초래했다고 하는, 맥루한의 도식(圖式)에 대해서 더욱 섬세하고 치밀한 접근을 대치하고 있다고 말해도 좋을 것이다.

　어떻든 음독이라는 독법은 읽히는 서적이 어떤 형태로든 공동체적 코드 안에 놓여 있다는 것과 밀접한 관계를 갖고 있다. 그 공동성 중 으뜸가는 것은 말할 것도 없이 종교다. 모데스트에게 있어서도 엠마에게 있어서도 혼자 하는 독서는 개인적인 쾌락이었다. 여자들이 글을 읽던 안락의자나 긴 의자는 친밀한 쾌락의 공간에 꼭 맞는 가구다. 묵독이 우세를 차지해 가던 시대의 흐름은 이렇게 해서 차츰 서적이 「세속화」되어 가는 흐름이기도 한 것이다. 샤르체는 18세기부터 19세기에 걸쳐서 지배적 된 이 흐름을 「새로운 독서법」이라고 이름짓고, 다음과 같이 말하고 있다.

　그것은 수많은 책을 일 대 일의 친밀한 관계로, 혼자 조용히 읽는 방법이다. 이 형태의 독서는 또한 세속화된 독서이기도 할 것이라는 것은, 책을 읽는 기회가 현재는 교회나 가정 내의 종교적 의식과 밀접한 관계를 갖지 않게 되었기 때문이고, 인쇄물과 손쉬운 관계가 확대되어 가기 때문이다. 사람은 차례차례로 다른 문장을 읽고, 인쇄물은 구겨 내팽개쳐져 결국에는 버려지는 것이기 때문에 서적에 대한, 이전의 경건한 마음은 이미 존재하지 않는다.

　경외하는 마음으로 얼마 되지 않는 책을 반복해서 음독하고,

귀로 기억하고 있던 「오래된 형태의 독서」는 이렇게 해서 <손쉬운> 독서로 대체되어 가는 것이다.
　책이 넘쳐 출판물 수가 많아질수록 서적의 「세속화」는 가속화된다. 「서적과의 손쉬운 관계」라는 것은 바꿔 말하면, 서적이 소비물이 된다는 것이다. 광범위한 서적의 유통 조직이 만들어지고, 책이 사람들이 입수하기 쉬운 것이 되어갈 때, 책은 다른 것으로 대체할 수 없는 상품이 되어 시장에 진열된다. 1830년 이후의 인쇄 기술의 혁신은 이런 책의 시장화에 있어서 그야말로 신기원을 연 것이다. 샤르팡체 서점이 염가의 소형본을 히트시킨 것이 1840년대고, 계속된 제2 제정, 아셋트 서점에 의한 철도 문고 창설은 광범위한 책의 유통망의 기초를 깔고, 이후 서적과 함께 많은 수의 잡지와 신문이 부수를 늘려 갔다. 이렇게 독서는 그 밖의 많은 것과 더불어 <기분 전환>의 한 형태가 되어 가는 것이다. 이렇게 거대한 흐름 속에서 파악해 본다면, 모데스트나 보바리 부인이 인생을 변화시킬 정도로 탐독한 집중형 독서는 우리가 오늘날 상상하고 있는 만큼 옛날 것이 아니고, 당통이 말한 대로 「<마음에 드는 것>이 중심인 17세기와 기분 전환을 위한 19세기 독서의 꼭 중간」에 위치한, 과도적인 독서법이었다고 해야 할 것이다.
　어쨌든 맥루한이 주장하는 것처럼 구텐베르크의 인쇄 혁명이 곧바로 음독의 패퇴와 묵독의 지배를 의미하고, 귀(소리)의 실추와 시각의 패권을 의미한 것은 아니다. 확실한 것은 그것이 복제 기술 혁명을 일으켜 서적의 대량 생산·대량 소비 시대를 초래했다고 하는 것이다. 그리고 그것과 함께 <소리 없는 방>은 단지 중산 계급의 일부 여자들 사이에서뿐만 아니라 널리 민중 사이로도 확대되어 간다. 예를 들면, 쉬벨부쉬의 『철도 여행의 역사』가 말하는 것처럼, 기차 객실의 칸막이 방도 또 하나의 소리 없는 방 그 자체였을 것이다. 게다가 그 방이야말로 마음을 애태우게 하는, 그 농밀한 「내면의 소리」를 상실하고 있다. 차 안에서 읽는 책은 이미 영혼에 「와 닿는」 것이 아니라, 단지 눈을 이용한 기분 전환에 불과한 것이기 때문에.

소리의 망령

19세기의 출판 산업 융성과 함께, 이렇게 독서는 성스러운 것과 유대를 상실하고 결국에는 눈을 통한 기분 전환용으로 바뀌면서 <소리>를 상실한다. 이것을 반대로 말하자면, 사람들은 「소리의 마술적 세계」에서 해방되어 자유롭게 되는 것이다. 그렇다고 하는 것도 음독이라는 행위가 단지 사람들의 추상적인 공동성을 조직화하는 이상으로, 구체적인 신체를 포착해서 「신체를 끌려들게 하는」 것이기 때문이다. 서적의 세계에 사로잡힌다는 것은 단지 두뇌를 빼앗기는 것뿐 아니라 몸도 같이 끌려가 버린다는 것이다. 세르토는 독서라는 행위의 신체성을 다음과 같이 말하고 있다.

최근 3세기 동안이라고는 하지만, 독서는 가장 기본적인 레벨에서 눈 운동이 되어 버리고 있다. 이미 독서에는 옛날같이 음독할 때의 웅성거림과 근육 운동이 수반되지 않는다. 큰 소리로 읽지 않고 작은 소리조차 내지 않는 묵독을 한다는 것은 「근대의」 행위로서, 그때까지는 없던 것이다. 일찍이 독자는 텍스트를 내면화했던 것이다. 독자는 자신의 소리를 다른 사람의 신체로 하고 있던 것이다. 즉, 독자는 타자를 위한 배우였던 것이다. 오늘날의 텍스트는 이미 「신하(臣下)」에게 자신의 리듬을 강요하지 않고, 이제는 독자의 소리를 통해서 자신을 나타내지 않는다. 이런 식으로 해서 신체가 물러나 버린 것은 신체의 자율의 조건이며, 신체가 텍스트에서 거리를 두게 되었다는 것이다.

서적의 권위로부터 「자유로운 신하」가 된 독자는 이제 어떤 소리에도 따를 필요가 없다. 서적이 놓여 있던, 소리가 들리는 -성스러운-문화적 공간으로부터 신체는 한없이 멀어져 있다. 이것을 서적의 측면에서 바꾸어 말한다면, 필자는 이미 독자를 「불러」모을 수 없다는 것이다. 부르는 것, 그것은 소리의 몸짓이다. 근대의 서기 행위는 이 몸짓을 상실하고, 자신의 내부로 접혀져 간다. 세르토의 표현을 빌린다면, 서적이라는 로빈슨들의 섬은 고도(孤島)라서 소리라는 육체를 상실한 「독신 기계(獨身機械)」인 것이다. 「페이지라는 고도는 산업적인 전환이 행해지는 통과 장소」고, 「그곳으로부터 나가는 것은 〈제품〉이다.」 말을 거는 소리를 상실하고 산업 제품으로 변한 서적은, 그렇다고 해서 자기 자신이 잃어버린 〈기원〉의 기억을 잊을 수도 없다. 종이 위에 쓰여지는 문자는 〈기원의 소리〉의 기억에 붙어 다니며, 부재(不在)의 소리를 찾아서 끝없는 여행을 계속한다. 결국 「소리가 기술하게 하는」 것이고, 소리와 문자 사이에 있는, 이처럼 메우기 어려운 거리가 텍스트의 끝없는 생산을 조건으로 하고 있는 것이다. 이 소리를 향한 접근의 어려움 때문에, 글(스크립트)에 있어서 「소리는 에로틱한 것이 된다」고 세르토는 말한다. 세르토의 이 서기 행위론은 멀리 파스칼 키냐르(Pascal Quignard, 프랑스의 작가, 2002년 공쿠르상 수상자-역자)의 『음악 레슨』(잃어버린 목소리를 찾아가는, 17세기 프랑스와 고대 그리스 및 춘추 시대 중국 음악가들의 삶과 음악 수업을 그린 소설-역자)의

한 구절과 서로 호응하고 있다.

　말은 소리와 분리할 수 없다. 글(lettre)에 대한 사랑이라든가 서적에 대한 사랑이라는 것이 말해져 왔다. 글이나 서적에 대한 사랑, 혹은 문학은 이것 또한 사라져 간 소리와 관계를 갖고 있다. 문학이라는 것은 변용을 이룬 소리가 한층 더 변화한 것이다. 약간이라도 미(美)를 의식한 서적을 집필하는 자들은 소리의 망령을 자신에게 끌어당겨 버린다. 그리고 스스로는 그 소리를 발할 수가 없다. 그것은 그들을 인도하는, 유일한 길 안내다. 그들은 자신의 침묵을 둘러싸고, 자신의 존재를 혼동하고 있다. 그들은 스스로가 집필하는 서적의 침묵 속에서조차 여전히 부르고 불러 세우려고 하는 것이다. 선행하는 하나의 소리-대개는 죽은 소리, 항상 지나치게 의미를 가지고 있는 소리-를.

　「언어는 너무나도 조리(調理)되어 있다」고 키냐르는 말한다. 소리는 「자연 그대로의 것」이고, 전언어적(前言語的)인 것이다. 문자는 이 자연 그대로의 소리를 죽이고, 서적은 소리를 추방한다. 정연하게 활자가 나열된 공업 제품인, 근대의 서적은 야생의 소리를 제압한 것이다. 글을 소리 내어 읽는다는 행위는 그 문자에 다시 숨을 불어넣고, 자연의 신체성을 회복하는 행위였다. 이러한 음독 습관을 상실한 서적은 이미 신체를 끌어들이는 것을 그만두고, 곳곳에 <소리 없는 방>을 증식시켜 간다. 엄청나게 많은 책이 대량 생산되어서는 소비되어 가는 환경에 살고 있는 우리에게는, 머나먼 소리의 망령이 붙어 다니고 있다고 해도 좋을 것이다.

　머나먼 소리를 대신해서 현재 우리들 귀에 끊임없이 들려오는 소리, 그것은 미디어가 흘리는 복제의 소리다. 일찍이 성스러운 권위와 연결되어 사람들로 하여금 「믿게 한」 말은, 지금이야말로 여러 타자의 말의 「인용」으로 변하고 있다. 아침부터 밤까지 우리는 텔레비전이 흘리는 뉴스에 둘러싸여 지내고 있다. 다시 세르토의 설을 따른다면, 「현재 일어나고 있는 것을 이야기한다는 것이 현대 사회의 정통 교의(敎義)가 되고 있다」는 것이어서, 미디어가 흘려 보내는 이야기는 누군가가 얘기하고 있는 것을 인용하는 데에서 성립된다.

우리들의 사회는 삼중의 의미에서 암창(暗唱) 사회가 되어 버리고 있는 것이다. 왜냐하면 이 사회는 이야기(광고나 정보가 만들어 내는 우화)에 의해 규정되어 있고, 동시에 그 이야기의 인용과 끝없는 암창에 의해 규정되고 있기 때문이다.

「인용이라는 것은 타인이 믿고 있을 만한 것을 이용하는 것」이고, 사람들을 「믿게 하기 위한, 둘도 없는 무기」인 것이다. 이렇게 해서 우리의 귀는 소리의 인공물에 다름아닌 미디어가 말하는 「현재 이야기」를 일부러 들으려고 하지 않고도 들으면서, 머나먼 소리로부터 정처 없이 멀어져 간다. 일찍이 수많은 엠마들이 살던 소리 없는 방은 지금은 미디어 소리가 흘러 넘치는 방으로 변하고 있는 경향이 있다. 일찍이 침묵의 소리가 지배한 서적조차도 이제는 카세트 책이라는, 소리의 복사를 손에 들고….

이렇게 해서 도처에서 신체 없는 소리가 술렁거리는 20세기 말의 도시, 19세기의 <소리 없는 방>은 얼마나 변신을 해 버린 것일까.

5. 책 읽어 주는 여자

책은 소리의 망령이 항상 붙어 있어서, 소리와 「에로틱한 관계」를 맺고 있다. 책이 갈구하는 그 소리를 형태로 나타낸다면 그것은 <여자>의 모습이 아닐까. 레몽 장(Jean, Raymond, 1925년생, 프랑스의 소설가, 비평가, 문학 연구가-역자)의 『책 읽어 주는 여자』는 바로 그런 생각이 들도록 하는 여자의 소리를 주제로 한 소설이다.

아름다운 목소리를 가진 한 여자가 「독서 서비스」라는 일을 하기로 결심한다. 병원이나 몸이 불편한 사람 집에 찾아가서 책을 읽어 주는 일이다. 「카세트 책의 시대라는데…」 하며 히로인은 주저하지만, 그녀의 생기 있는 목소리는 복제된 소리가 결코 쫓아갈 수 없는 독서의 신체성을 풀어놓는다. 가는 곳곳에서 그녀의 목소리는 모험적인 일을 불러일으킨다.

그녀의 첫 손님이 된 사람은 다리가 불편한, 열네 살 된 소년인 에릭이다. 시적인 감수성이 풍부한 이 소년은 오직 마리 콩스탕스의 낭독에 도취되어 듣는다. 그녀가 읽고 있는 것은 모파상의 『목걸이』. 아름다운 목걸이를 목에 건 여주인공이 눈부시게 빛나는 화려한 목걸이로 인해 기뻐하는 장면을 그녀가 소리

내어 읽어 간다.

　…도취되어, 기뻐 어쩔 줄 모르고, 기쁨에 황홀해 하면서 그녀는 춤을 추고 있다. 이미 아무것도 생각하고 있지 않았다. 아름다움의 승리, 그리고 성공의 영광에 둘러싸여 모든 찬사를 받으며 욕망이라는 것을 일깨우고, 여인들의 중심에서, 이렇게도 완벽하고 감미로운 승리를 성취한 행복의 연무(煙霧) 속에서 그저 단지 춤에만 열중하고 있었다.

　그 소리는 듣는 사람의 욕망을 건드리며 울려 퍼진다. 「에릭이 떨고 있는 것을 느꼈다. … 나의 입에서 나온 어떤 말도 마치 지진계의 예민한 바늘이 감지하는 것처럼 에릭에게 기록되어 있다. 그렇게 은밀한 흔들림조차도 엄청난 정확성으로 감지되고 있었다.」
소리는 신체를 완전히 감싸 간다. 마리 콩스탕스의 아름다운 목소리는 문자가 되어, 죽은 소리에 숨결을 불어넣어 소생시킨다. 그 소리는 공진(共振)하면서, 그녀와 소년 사이에 친밀하고 관능적인 「소리의 공동체」를 만들어 간다. 몇 번째인가의 방문에서 에릭은 자신이 선택한 보들레르의 시를 읽어 달라고 부탁한다.『악의 꽃』 중에서도 한층 더 관능적인 시를 읽으면서, 마리 콩스탕스는 자기 자신의 신체 또한 마술적인 뭔가에 감싸여 가는 것을 감지한다. 「우리는 시의 마지막 부분에 와 있었다. 구태여 우리라고 하는 것은, 읽고 있는 사람은 나 혼자지만 에릭과 나 사이에 뭔가를 서로 공유한다는 것을 강하게 느꼈기 때문이다.」 듣고 있던 소년은 숨돌릴 틈도 주지 않고 하나 더 골라 놓았던 시를 읽어 달라고 말한다. 그 「보석」의 시를 마리 콩스탕스는 읽기 시작한다.

<가장 사랑스런 사람이 알몸으로, 내 마음을 알고,
빛나는 보석만을 몸에 걸친 채,
그 호사스러운 모습으로 맑은 날의 무어의 여자 노예들처럼
사랑스런 사람을 자랑스럽게 보이고 있다….>

에릭은 한층 더 열중했다. 문자 그대로 마치 주박(呪縛)된 것처럼. 시의 한 마디 한 구절도 빠뜨리지 않으려고 했다. 그리고 눈동자는 회피하는 듯한 이상한 움직임을 보이며 나의 다리－오늘도 판탈롱을 입고 있는－를 바라보고 있다. 나는 천천히, 그 유명한 한 구절까지 낭독을 계속했다.

<…그리고 그녀의 가슴과 다리, 허벅지와 허리는 기름을 바른 것 같은 광택으로, 마치 백조처럼 물결치면서 황홀하게 바라보던 나의 눈앞으로 가로지르는 것이다….>

그때 에릭이 나를 중단시켰다. 신체가 불편한 에릭이 커튼이 쳐져 있는, 어슴푸레하고 너무나 조용한 방에서 말했다. 「이번에 오실 땐 요전에 입고 계시던 원피스를 입고 오시지 않겠어요?」

여자의 목소리는 소년의 마음속에 있는 관능의 욕망을 일깨우고, 그 욕망을 충족시켜 간다. 음독한다는 것은 전감각에 호소하는 신체의 몸짓이고, 귀는 눈도 일깨우게 하는 것이다. 실제로 이 소년과 「책 읽어 주는 여자」 사이에는 여자의 옷차림이 언제나 효과를 발휘하고 있다. 그리고 재미있는 것은, 이 소설을 원작으로 한 영화에서 샤르체가 말했던 <리즈즈>가 등장하는 것이다. 에릭의 생일에 마리 콩스탕스를 초대한 어머니는 「책을 읽을 때에 입는 옷이야.」 하고 에릭에게 보여 주면서 그녀에게 손수 만든 가운을 선물한다. 분명히 프랑스에서는 책 읽

는 여자를 위한 의복이 존재했던 것이고, 책을 읽는 행위는 눈뿐만 아니라 전신을 에워싸고「책을 읽는 신체」를 만들어 간 것이었다….

사실 에릭뿐만이 아니라 히로인이 책을 읽을 때마다 그 목소리는 무의식에 깃들여 있는 욕망을 일깨우고, 신체를 해방시켜 간다. 예를 들면, 바쁜 커리어 우먼인 어머니에게서 보살핌을 받지 못하는 소녀의 경우도 그런 것이다. 마리 콩스탕스는 그 어린 소녀에게『이상한 나라의 앨리스』를 읽어 준다. 듣고 있던 소녀는 몇 페이지도 읽지 않았을 때,「밖에 나가 놀아요」하고 조른다.「나는 밖에 나가서 놀아 본 적이 없어요. 엄마는 항상 늦게 오고!」이렇게 해서 소녀와 그녀는 반나절을 유원지에서 회전 목마를 타거나 게임을 하고 놀면서, 캐러멜과 사탕 따위를 먹으며 보내 버렸다. 그렇기에 소녀가 펄쩍펄쩍 뛰며 미칠 듯이 기뻐한 것은 당연한 일이었다. 히로인 역시 자신도 모르게 이 축제에 참가해 버렸다.

『책 읽어 주는 여자』의 목소리는 일종의 카니발적인 효과를 불러일으키고 있는 것이며, 예절의 법도를 깨뜨리고 박카스적인 축제 감각으로 사람을 말려들게 한다. 소리는 공진(共振)하며 잠재 의식 아래에 있는 욕망을 풀어놓고 그것을「치유하는」것이다. 목소리의 이 마술적 효과는 일에 매여서 책을 읽을 틈도 없는 비즈니스맨에게도 영향을 미친다. 그녀가 책을 읽기 시작하면, 남자는 그녀의 책 읽는 소리에도 아랑곳하지 않고 선잠을 자기 시작해 버린다. 독서를 핑계로 그는 그녀를 안고 싶은 것이다. 몇 번째인가 책을 읽어 주는 날, 그녀는 마치 선물처럼 자신의 몸을 준다. 그날 침대 위에서도 아직 페렉의 책을 읽으려고 하는 그녀를 향해 남자는 말한다.「아, 그 목소리! 모든 것이 그 목소리 탓이야. 뼛속까지 젖어들어 오는군! 마리 콩스탕스, 당신 같은 목소리는 처음이야. 온몸이 떨리는군! 그런 것일 테지!」

목소리는 젖어든다. 목소리를 내는 사람과 듣는 사람, 모두의 전신을 에워싸고 잠재 의식에 울려서, 잠깐 동안의 친밀한 공동체를 맺어 간다. 신체의 축제의 공동체를. 남자의 메마른 욕망을 충족시키고 치유하면서, 마리 콩스탕스는 자신 또한 자신의 신체와 함께 축제의 바다 속으로 빠져 들어간다.

내 속에서 허무와 행복과 착란의, 거대한 수목이 넓게 뿌리를 뻗는 것이 느껴졌다. 신체 전체가 흔들리고 있었다. 그가 부표를 잡듯이 잡고 있는 나의 엉덩이와 허리, 허벅지, 나의 내부 전체가 마치 배[船]나 여행처럼. 이 여행은 끝이 없는 것인가, 하고 그가 묻는다. 이제 곧 끝날 거예요. 어떤 여행이라도 끝은 있는 것처럼. 이렇게 말해줄 짬은 있었다. 그러고 나서 나의 머리는 깊은 물 속으로 젖혀졌다.

시각은 사람과 사람을 갈라놓지만, 목소리는 하나로 연결시킨다. 맥루한은 말하고 있는 것이다. 근대의 활자 인간이란 이상하게 시각만을 발달시켜서「감각 마비」를 일으킨 인간이라고. 그렇게 해서 자기 안에 갇혀 버린 나르시스의 귀에는 사랑을 불러일으키는 에코의 소리가 전달되지 않는다. 에코는 나르시스의「무정(無情)」을 치유하려고 목소리를 울려 퍼지게 하고 있는 것이다.

목소리는 치유하는 것이다. 나오는 목소리는 마술적인 유혹의 힘에 의해 의식의 바닥까지 작용하여, 우리의 신체 전부를 엉뚱한 곳으로 운반해 간다. 목소리는 이곳에서 저곳으로, 이 사람에서 저 사람으로 「옮겨 가는」 것이다. 마치 배[船]나 여행처럼. 『책 읽어 주는 여자』란 옮겨 가는 목소리의 이야기가 아닐까? 모파상이나 졸라 등이 쓴 19세기 문학을 읽어 주는 이 소설은, 서적이 제패하여 「소리 없는 방」이 확대되어 가던 구텐베르크 시대를 거꾸로 해서 보여 주고 있는 것 같다고도 생각된다. 히로인이 읽어 주는 단편마다 활자화되어 죽어 있던 말이 숨을 되살린 듯한 느낌이 든다. 쓰여진 텍스트가 잃어버린 생기, 그 목소리의 망령이 되살아나는 것같이.

   소리의 망령, 소리는 나타나자마자 바로 소멸되어 간다. 시간을 넘어서 존재하는 책과는 대조적으로 소리는 현재성 그 자체다. 어디에서든 장소를 갖지 않는 소리는 단지 현재만을 사는 곳으로 하며, 이곳에서 저곳으로 전달되어 간다. 모든 경계를 빠져나가 속속들이 스며들면서, 소리는 머나먼 거리를 이동해 간다. 나타날 때마다 잠깐 동안의 공동체를 맺어 가면서⋯.

소리의 은하계

제1장 미디어의 세상 이야기   1. 소리의 공동체
                                       2. 왕을 죽이고 <나>를 말한다

제2장 여자들의 침묵   3. 얼굴의 담화
                                       4. 소리 없는 방
                                       5. 책 읽어 주는 여자

제3장 전화의 유혹   6. 사랑하는 전화
                                       7. 콜걸
                                       8. 소리의 유토피아

제4장 지극히 높은 곳   9. 에로스보다 더 감미로운
                                       10. 밤의 소리 쪽으로
                                       11. 지고성(至高性)

6. 사랑하는 전화

　나는 전화로 당신을 부른다. 귓전에 당신의 목소리가 들린다. 갑자기 나는 사랑에 빠진다. 멀리 떨어져 있는 당신, 당신에게 나는 나의 목소리를 보낸다. 나의 목소리는 당신에게 전해지고, 당신의 목소리는 나에게 전해지고….

텔레프레젠스

　전화만큼 사랑에 어울리는 기계는 없다. 사랑을 할 때, 사람들은 이 세상을 잠시 비우고 외출한다. 내가 생각하는 것은 오로지 당신의 일뿐, 나의 마음은 당신에게로 날아간다. 그리고 전화 또한 당신에게로 날아간다. 전화는 「날아가는」 기계다. 전화 회선을 타고, 한순간에 나는 당신이 있는 곳으로 옮겨진다. 꿈속에서 목소리를 교환하는 나와 당신은 머나먼 거리를 잊은 채 하나로 맺어져 있다. 멀리 떨어진 당신과 나의, 이토록 불가사의한 가까움. <소리>화한 육체의 미스터리….
　전화를 걸 때, 우리는 모두 「이상한 나라」로 옮겨져 간다. 이미 벤야민은 영화라는 새로운 매체의 출현을 앞에 두고 그 인공적인 리얼리티를 「기술 세계의 푸른 꽃」이라고 말했으나, 전화야말로 「푸른 꽃」이라고 불리는 것에 더욱 어울리는 매체일 것이다. 전화는 멀리 떨어져 있는 사람을 귓전으로 가까이 옮겨다 주기 때문이다. 전화는 <먼 곳>과 <바로 여기>를 잇는 기계인 것이다. 평소에 우리는 너무나 익숙해져 있어서 그 불가사의한 리얼리티를 새삼스럽게 의식하지 않고 지내고 있지만, 전화라는 현상은 우리를 신비한 경험으로 유혹하지 않을 수 없는 것이다.

프루스트의 『잃어버린 시간을 찾아서』에는, 이러한 전화의 신비를 또렷하게 말하고 있는 부분이 있다. 파리를 떠난 화자는 파리에 있는 할머니에게 처음 전화로 목소리를 나눈다. 그 장면에서 프루스트는 전화는 「훌륭한 마법」이고, 기적이고, 신성한 힘이라고 말한다. 분명히 전화는 현실에서 있을 수 없는 마술적인 차원을 열었다. 왜냐하면 전화는 마음대로 바라는 상대를 <출현>시키기 때문이다. 「돌연한 변화를 가져오는 이 훌륭한 마법은 잠깐 기다리는 것만으로 말하고 싶다고 생각하던 상대를, 모습은 보이지 않지만 마치 그곳에 있는 것처럼 우리 옆에 출현시킨다. … 그 사람을 수백 리 저편에서부터 우리의 귓전에까지 돌연히 옮겨 놓는 것이다.」

멀리 있는 사람이, 바라는 대로 자신 가까이에 나타난다. 그것도 돌연히. 정말 그것은 마법보다 더한, 「돌연한」 존재의 출현이다. 그때 멀리 있는 상대는 「초자연적인 밝음 속으로 출현해 온다.」 확실히 그것은 망령의 출현과도 닮은, 미스테리적인 출현이라고 말하지 않을 수 없다. 나카자와 신이치(中澤新一, 1950~ , 문학·음악·종교 등 인문학의 전분야에서 폭넓은 활동을 하고 있는 연구자. 일본중앙대학 교수-역자)는 이러한 전화의 신비를 다음과 같이 말하고 있다.

전화는 멀리 떨어져 있는 사람의 목소리를 귓전의 수화기에까지 가져다 준다. 전화를 걸면서 우리는 멀리 떨어져 있는 사람이 바로 옆에 있는 것처럼 느낀다. 멀리 있는 것(tele)이, 지금 여기에 있다(presence). 전화는 옛날 그리스 사람들이 「텔레프레젠스」라고 불렀던 현상을 기술적으로 실현한 발명품인 것이다. … 텔레프레젠스는 시간과 공간에 대한 인간의 지각에 변화를 만들어 낸다. 그것은 우리가 살아가는 이 공간과 시간의 구조 외에, 그것과는 이질적인 세계가 있고, 사용하는 방법만 발견한다면 그 세계와 통로를 여는 것도 가능한 것이다. … 전화야말로 정말 현대의 텔레프레젠스 현상인 것이다.(『행복의 무수한 단편』)

프루스트가 말하고 있는 것이 이 텔레프레젠스 현상의 놀라움인 것은 분명할 것이다. 나카자와 신이치가 말한 대로, 전화는 통상의 시공(時空)을 벗어난 또 하나의 세계로 우리를 유혹해 간다. 이렇게 말하는 것은 전화가 멀리 있는 상대의 존재를 「아주 가깝게」 느끼게 하면서, 그걸로 그 존재의 「멀리 있음」을 동시에 느끼도록 하기 때문이다. 상대는 귓전에 존재하면서도 멀리 있는 장소 외엔 존재하지 않는다. 바꿔 말하면, 전화에 있어서 「가깝고」와 「멀고」가 동시에 존재하고, 또한 존재와 비존재(非存在)도 동시에 존재하고 있는 것이다. 상대는 여기에 있는데도 또 여기에 없는 것이며, 「저쪽」에 있는 채로 「이쪽」에 있다. 이렇게 해서 한순간에 <부재(不在)의 현전(現前)>이라는 상태를 만들어 내는 전화는 현실의 지각(知覺) 조건을 간단히 폐기해 버린다. 전화는 리얼리티를 위협하는, 꿈의 장치인 것이다.

「목소리」라는 당신

이 놀라움은 전화에 있어서 우리가 <소리>로 되어 있다는 것이다. 전화에서 말을 주고받는 당신과 나는, 육체와 떨어져서 오로지 음성화되어 있다. 육체는 거리의 법칙에 묶여 멀리 떨어져 있으면서, 소리는 하나로 연결되어 있다. 나카자와 신이치가 계속해서 말하고 있듯이, 전화는 육체의 탈각(脫却)이라는 「플라톤 신화적 상태를 산뜻하게 실현시켜 보이는」 것이다. 귓전에 가까이 들려오는 상대의 목소리는 「육체 없는 당신」이라는 꿈을 구현하고 있는 것이다.

육체가 없는 당신, 음성화된 당신, 프루스트는 이 마술적인 지각의 변용을 말하기 시작한다.

이쪽에서의 호출음이 저쪽에 울린다. 그러면 금세 우리의 귀에만 열리는 어둠, 영혼의 출현으로 가득 찬 어둠 속에 희미한 소리 – 추상적인 소리, 거리를 없애는 소리 – 가 있고, 그리고 사랑하는 사람의 목소리가 우리에게 말을 걸어 온다.
그 사람이다, 그 사람의 목소리다. 말하고 있는 것은, 그곳에서 들려오는 것은.

사랑하는 사람의 목소리는 어둠 속에서 들려온다. 「영혼의 출현으로 가득 찬 어둠」 속으로부터. 그 사람의 목소리는 육체를 떠나 나의 귀로 다가온다. 전화를 할 때에 우리는 육체의 구속을 벗어 버리고, 암흑 속 다른 곳에서 맞닿아 있다. 그렇다, 소리는 우리에게 닿는 것이다. 전화의 목소리는 내면으로 속속들이 스며들어 온다. 전화 목소리의 가까움은 현실적인 원근감을 무효화한 가까움이고, 틀림없이「거리를 없앤」가까움이기 때문이다. 원래 원근이라는 것은 신체가 있으므로 처음으로 성립하는 감각이다. 나의 신체를 중심으로 세계는 원근을 이루고, 주위로 확대되어 있다. 그런데「신체 없는 목소리」라는 상태를 만들어 내는 전화는 이 원근감을 간단히 폐기해 버린다. 현실의 신체가 없는 곳에는 원근 또한 있을 수 없는 것이어서, 전화로 소리를 주고받는 사람들은 단번에 원근의 저편으로 나아가 버리는 것이다. 전화의 목소리는 거리를 없애고 단숨에 상대에게 도달한다. 육체 없는 소리는 오직「가까움」외에 다른 것은 없는 것이다. 전화 목소리의 이같이 비현실적인「가까움」, 있을 수 없는「가까움」은 그렇기에 역설적으로 상대의 존재가「멀리 떨어져 있음」을 절실히 느끼게 한다. 프루스트가 말하고 있는 것은 전화 목소리의, 이 패러독스다. 앞의 인용을 계속하자.

그 사람이다, 그 사람의 목소리다. 말하고 있는 것은, 그곳에서 들려오는 것은. 하지만 얼마나 먼 것인가, 그 소리는! 그 사람의 목소리는 이토록 가깝게 내 귀에 들리고 있는데도, 긴 여행의 시간이 지난 다음이 아니면 상대와 만날 수 없는 안타까움에 직면한 듯이, 불안 없이는 들을 수 없던 것이 지금까지 몇 번이나 있었던가! … 이렇게도 가까운 목소리는 얼마나 리얼한 현전(現前) – 실제로는 멀리 떨어져 존재하고 있는데도 – 인가! 게다가 또 얼마나 영원한 이별의 예고인 것인가!

전화의 목소리는 가깝다. 너무나도 가깝다. 그런데도 상대의 존재는 멀리 떨어져 있다. 전화는 실지로 이처럼 역설적인「안타까움」그 자체다. 요컨대 전화 소리는 그 이상한 가까움에 의해 상대 육체의 <부재>를 두드러지게 한다. 당신은 거기에 있다. 바로 내 가까이, 나의 내부에. 그런데도 당신의 육체는 어디에도 없다….

플라토닉 러브

육체가 어디에도 없다고 하기보다 그때 당신은 육체가 부재 중인 채, 말하자면 다른 하나의 육체─플라토닉한 육체─로 되어 있는 것이다. 실제로 전화 소리는 갑자기 <출현>한다. APPARITION이란 바로 「출현」이며 「망령」이다. 내가 전화로 듣는 것은 당신의 육체를 벗어나서 내 편으로 오는 소리다. 전화 소리, 이 마법과 같은 주술적인 힘. 육체를 벗어난 초자연적인 소리는 「귀에만 열려진 암흑」의 세계를 느끼게 한다. 텔레프레젠스는 현실에서 유리된 또 하나의 차원을 여는 것이다.

전화가 끊어져 그대로 상대의 소리가 두절되어 버릴 때, 우리는 이 유리감(遊離感)을 새삼스럽게 깨닫게 된다.

일단 육체를 떠난 소리는 육체로 되돌아가지 않는다. 좀 전까지만 해도 귓전에 들리던 당신의 목소리는 망령같이 암흑 세계 속으로 사라져 간다. 이러한 의미에서 전화의 목소리는, 프루스트가 말한 대로 「영원한 이별의 예고」이기도 한 것이다. 전화는 틀림없이 「영혼의 출현으로 가득 찬 암흑의 세계」와 연결되어 있다. 한번 목소리화한 육체는 사자(死者)가 되고 영혼이 되어 암흑의 공간을 가득 채워 간다. 프루스트는 이렇게 해서 암흑을 헤매는 소리들의 존재감을 생생하게 전하고 있다. 파리의 할머니와 화자인 마르셀 사이의 통화는 끊어진다. 그러나 그의 귓전에 출현한 「목소리」는 여전히 어딘가를 방황한다. 통화는 끊겨도 목소리는 여전히 서로를 부르고 있는 것이다.

 우리는 서로 상대하는 것을 그만두고, 서로 상대의 소리가 들리지 않게 되었으나, 나는 암흑 속을 더듬으면서 여전히 할머니를 부르고, 할머니가 부르는 소리 또한 어딘가를 헤매고 있는 것이 틀림없다고 느껴, 여전히 그녀에게 말을 걸고 있는 것이었다. 나의 가슴에 물결치는 불안은 아주 오래 전, 어린아이였던 어느 날 군중 속에서 할머니를 잃어 버렸을 때에 내가 느낀 것과 같은 불안이었다.

 마르셀이 느끼는 이 불안은, 사랑하는 사람이「죽은 자」가 되어 가려고 할 때에 느끼는 불안과 비슷하다.「나에게는 이런 느낌이 드는 것이었다. 나로 하여금 지금 망령들 사이에서 헤매게 한 것은 이미 망령이 된, 사랑하는 사람인 것이다. 그래서 나는 수화기 앞에서 그저 혼자 허무하게 반복하여 불러보는 것이었다. "할머니, 할머니." 하고, 마치 오르페우스가 혼자 남겨져서 죽은 아내의 이름을 몇 번이고 부르는 것처럼.」
 분명히 거기에서 프루스트는 사랑하는 사람의 망령과 이야기를 나누는 것이다. 소리란 사라져 가는 것, 일각(一刻) 일각 소실해 가는 것이다. 소리는 발화(發話)될 때마다 죽어 간다. 소리만을 울려 퍼뜨리는 전화는 존재의 소멸을 두드러지게 해서, 죽음의 예고를 느끼게 하는 것이다. 소리가 된 당신은「일찍이도 망령화」하여 죽은 자가 되어 있다. 그렇기에 전화로 우리는 그토록 절실히 상대를 부르는 것일 것이다. 그것은 현실에서 얼굴을 마주 대하고 있을 때에는 느낄 수 없는, 절박한 친밀성이다. 전화를 하는 두 사람은 이 세상을 떠나 영혼이 되어 사랑을 교환하는 것이다….

그 이상한 친밀성은 또한 전화가 언제나 「마주 대하는 소리」라는 형태로밖에 존재할 수 없는 것으로부터도 유래하고 있다. 전화에 있어서 우리는 「연결된」 존재인 것 외엔 없다. 나는 당신 없이 존재할 수 없고, 당신 또한 나 없이는 존재할 수 없다. 전화는 이렇게 해서 일상 속에서 <플라토닉 러브>적인 상황을 만들어 낸다. 전화선으로 연결되어 소리화한 우리는 현실의 저편, 또 하나의 다른 세계에서 하나로 연결되어 있는 것이다.

소리의 선물

전화의 플라토닉 러브. 사실 통화할 때, 사람은 서로 상대를 독점하고 있다. 통화하는 두 사람은 암흑 속에서, 장소도 없는 밀실에서 <단둘만이> 있다. 그리고 그 밀실에서 두 사람의 소리는 서로에게 맞닿는다. 그렇게 소리는 「닿는」 것이다. 시각이 사람을 분리시키는 것에 비해, 소리는 사람과 사람을 맞닿게 해서 하나가 되게 한다. 롤랑 바르트는 「듣는다」는 감각에 대해 말하면서, 전화의 목소리가 만들어 내는 플라토닉 러브적인 상황을 다음과 같이 말하고 있다.

전화는 두 사람의 통화자를 이상적인(견딜 수 없다고 말해도 좋을 정도로 순수한) 상호 주체성의 관계에 놓는다. 왜냐하면 전화는 청각 이외의 모든 감각을 쓸모 없게 만들어 버리기 때문이다. "내가 말하는 것을 들어주세요"라는 것은 "나와 접촉해 주세요, 내가 존재하는 것을 알아주세요"라고 말하는 것이다.(『제3의 의미』)

이것을 다른 식으로 말한다면, 전화에서 무엇을 말하는 것인가 하는, 그 내용은 중요하지 않다는 것이다. 거기에서 주고받는 말은 두서 없고 허튼소리에 지나지 않는다. 전화는 메시지 전달을 위한 장치가 아니라 상대에게 닿기 위한, 상대를 「느끼기」 위한 장치인 것이다. 그렇기 때문에 전화에는 「사랑의 말」이 그토록 잘 어울리는 것이다.

당신과 나를 이토록 가깝게 맺어 주는 소리. 그때 나는 당신에게 무엇인가를 「말하는」 것이 아니라, 당신을 향해 나의 「목소리를 보내는」 것이다. 나는 나의 소리를 「보내」면서 또한 나를 「선사한다.」 사실 연인이 귀를 기울이는 것은 상대가 말하는 내용이 아니다. 궁극적으로 내용 따위는 공허한 것이라 해도 상관없는 것이다. 베드에서 주고받는 말이 의미를 위해 있는 것이 아닌 것처럼 말이다. 중요한 것은 당신의 목소리가 나의 귀에 닿는 사실이다. 당신은 당신 자신을 나에게 보내고, 그리고 나도 나 자신을 당신에게 보낸다…. 이렇게 해서 전화의 목소리는 마술적으로 당신과 나를 서로 닿게 해 준다.

전화로 보내는 목소리의 선물. 여기에서도 롤랑 바르트가 한 말이 상기된다, 「연애의 담론」의 한 구절이. 거기에서 바르트는 「선물」에 대해 이렇게 말하고 있다. 「선물을 주는 것은 접촉이고 관능인 것이다. 당신은 내가 접촉하는 것에 닿을 것이다. 제3의 피부가 우리 두 사람을 결합시키는 것이다.」 선물은 당신에게 「접촉」하기 위해 존재하는 것이고, 무엇을 보내는가 하는 물건의 내용은 이차적인 문제에 불과하다. 마찬가지로, 전화에서 중요한 것은 목소리가 전하는 메시지의 내용이 아니라 목소리가 전달되는 것, 그 자체인 것이다. 「여보세요, 당신? 나야, 나….」 사랑하는 사람에게 내가 말하려는 것을 가령 길게 얘기했다 할지라도 그 이상의 의미는 없는 것이다. 목소리라는 관능의 선물이 모든 것을 차지하고 있다.

사실 바르트는 선물에 대해 말하면서 송가(頌歌)를 언급하고, 목소리까지 이야기하고 있다. 「부름 속으로 완전히 포함되어 버리는, 공허한 메시지에 있어서 노래는 귀중한 보충이다. 노래부르는 것을 통해 내가 부여하고 있는 것은 바로 나의 육체―나의 목소리를 통한―인 것이다.」 전화로 주고받는 말은 결국 여기서 바르트가 말하고 있는 「노래」와 같고, 무엇인가를 의미하는 것이 아니다. 오히려 그런 것일수록 우리는 수화기 저편 상대의 존재를 생생하게 감지한다. 예를 들면, 전화 도중에 불현듯 말이 끊기는 순간만큼 두 사람 사이의 친밀성을 느끼게 하는 때는 없을 것이다. 전화의 말은 <연결>을 위한 것이고, 접촉하기 위한 것이다. 전화를 하는 연인들은 사랑하는 상대를 독점하면서 목소리를 보냄으로써 상대에게 접촉한다. 육체 없는 전화의 목소리는 「제3의 피부」같이 가깝고 부드럽게 나와 당신을 연결하는 매체다. 이런 의미로 말하자면, 전화는 언제나 사랑하는 전화인 것이다.

이토록 부드럽게

전화로 사랑을 한다, 전화를 통해 사랑을 한다. 사실 전화의 목소리는 그 <부드러움>을 한층 더 귀에 두드러지게 하는 것이다. 「여보세요, 나야….」 나의 귀에 들려오는 당신의 목소리는 매우 부드럽고, 나의 마음속에 속속들이 스며든다. 육체를 벗어나서 「소리」가 된 당신의, 사무치는 듯한 부드러움. 거의 이 세상에 존재하는 것이라고는 생각할 수 없는, 불가사의한 부드러움. 전화 목소리의 이 부드러움은 말하자면,「제3의 피부」가 가진 초감각적인 부드러움이다. 프루스트는 할머니와의 전화에서 이 부드러운 소리를 듣는다. 처음으로 전화로 듣는 할머니의 목소리에서, 얼굴을 마주하고 있던 때에는 느끼지 못했던 부드러움에 취하게 된다.

그 목소리는 부드러웠다. 하지만 또한 참으로 얼마나 슬픈 목소리였는가. 그 목소리가 슬펐던 이유는 다름 아닌 그 부드러움 탓이었다. 그 부드러움은 냉혹한 것, 타인에게 반항하려고 하는 것, 에고이즘, 이러한 모든 것을 걸러 낸, 거의 모든 인간의 목소리가 여기까지 도달한 적이 없을 정도로 탁함이 없는 부드러움이었다! 너무나 여리고 가는 까닭에 아슬아슬한, 금세라도 맑은 눈물의 파도에 부서져 사라져 버릴 것 같은 목소리였다.

그 부드러운 목소리는「금방이라도 사라져 버릴 것같이」여리다. 여기에서 목소리의 부드러움은 그 허무함과 하나로 되어 있다. 프루스트는 전화로 사랑하는 사람의「소실」그 자체를 듣고 있는 것이다(그렇기 때문에 그는 불안에 사로잡히는 것이다). 소리는 위태롭고 허무하게 사라져 간다. 사라져 가는 그 소리는 상대 존재의 위태로움 그 자체를 계시하는 것이다.「목소리」가 된 할머니의, 비할 수 없는 부드러움과 슬픔은 이윽고 세상을 떠나가는 사람의 그것이며, 결국「임종 직전」에 있는 사람의 부드러움과 같다. 프루스트의 섬세한 정신이 감지하고 있는 대로, 분명히 전화는 영원한 이별을 예감하게 하는 것이다. 왜냐하면 전화는「끊기는」것이기 때문이다. 당신과 나를 한순간에 연결한 전화는 다시 한순간에 끊겨 버린다. 그리고 당신은 사라져 가는 것이다. 그「망령들의 암흑」속으로…. 『연애의 담론』이 말하듯이, 「전화의 목소리는 1초마다 "작별하겠습니다"라고 말하고 있는」 것이다.

그리고 전화 목소리의, 이 위태로움과 덧없음은 목소리 그 자체의 특성을 두드러지게 한 것에 다름이 아니다. 목소리는 나타날 때마다 사라져 가는 것이며, 말하자면 언제나 우리에게 이별을 알리는 것이다. 목소리는 언제나 최후의 순간만을 나타낼 수밖에 없다. 나타남 그 자체가 소실인 것, 그것이 소리임에 다름이 아니다. 소리는 살아 있으면서 아련하게 사라지는 것이고, 전화라는 장치는 사람 목소리의, 이 미스테릭한 본성을 두드러지게 하는 것이다.

소리는 사라져 간다. 발화되자마자 죽어 가는 것이다. 그렇기 때문에 전화를 할 때에 사람들은 모두 그걸 모르고, 언제나 이 세상과 다른 세상으로 여행을 가는 기묘한 지점에 서 있게 되는 것이다. 단지 그 이별이 너무나 빈번하고, 아무렇지도 않게 일상에 편입되어 있기 때문에 우리가 눈치채지 못할 뿐인 것이다. 그러나 프루스트나 바르트같이 사랑의 포로가 된 연인들은, 소리의 이 덧없음을 생생하게 감지한다. 그렇기 때문에 그들은 그렇게까지 전화를 끊는 것이 무서운 것이다.

「여보세요, 여보세요…」 사랑하는 사람은 오로지 공허한 소리를 계속해서 보냄으로써 이별을 지연시키려고 한다. 그 목소리야말로 소실을 두드러지게 한다는 역설에 둘러싸이며, 연인들은 그 역설 속에서 허공에 매달린 채 서로 망령화되어 이 세상에 있지 않을 듯한 부드러운 소리를 계속해서 보낼 수밖에 없다.

7. 콜걸

사랑의 탐정

도망가는 여자는 사람들이 북적거리는 속으로 모습을 감춘다. 쫓아오는 애인을 따돌리고 싶을 때, 여자는 군중 속으로 섞여 들어 흔적을 지운다. 사람들이 북적대는 곳, 언제나 그곳은 사랑의 도피처다.

도망가는 여자를 남자는 뒤쫓는다. 많은 사람이 붐비는 틈을 헤치고 흔적을 더듬어 간다. 그녀는 어느 모서리를 돌아서 간 것일까? 만약 이쪽 모서리라면 먼저 돌아서 건너편 모서리에 잠복해 있으면 잡히겠지? 그렇지 않으면 그녀는 길에서 손님을 태우는 마차를 탄 것일까? 그렇다고 한다면 이젠 뒤를 쫓는 것은 불가능한 일이다. 이렇게 생각하는 사이에도 여자와 남자를 떼어놓는 사람의 벽은 점점 혼잡을 더해 간다. 여자와 남자 사이를 떼어놓는, 북적거리는 사람들의 거리. 미로같이 뒤얽힌 도시의 거리는 사랑의 미로가 되어 간다….

사랑하는 사람의 마음의 주름을 구불구불한 미로 찾기와 흡사하게 더듬어 가는, 프루스트의 『잃어버린 시간을 찾아서』는 사랑의 추리 소설로 읽을 수 있다. 화자인 <나>는 연인인 알 베르친느를 집 안에 유폐한다. 이따금 그녀가 외출을 하게 될 때, <나>의 마음은 시기하고 의심하는 마음으로 어지럽혀진다. 지금 <나>의 곁에 없는 여자, 한때「사로잡혔던」몸이 해방된 여자는 도대체 무엇을 하고 있을까? 어디에서 누구와 만나고 있을까? 화자는 부재중인 여자의 불성실한 흔적을 끝내 밝혀 내려고 온갖 수단을 생각한다. 알 베르친느를 태우고 간 차의 운전사는 탐정 역할을 할 것을 지시받는다. 미행과 감시를 하도록 시키는 것 외에도 일일이 보고를 시키는 것이다. 그 운전사와 알 베르친느가 사실은 한패가 되어 있다는 낌새를 어렴풋이 알아채지 못한 것은 아니지만…. 그 보고를 근거로 화자는 연인의 불성실의 소재를 이것저것 추리하면서 시간을 보낸다. 『숨겨 둔 여자』는 훌륭한 사랑의 추리 소설인 것이다.

그 소설 속에서 특히 <내>가 두려워하는 장소가 낯선 군중이 모이는 곳이라는 것은 당연하겠지만, 그런 장소의 하나로 백화점이 등장하는 것은 흥미롭다. 어느 날 알 베르친느는「봉마르쉐나 트로와카르체로 흰 조끼를 사러 가고 싶다」고 말한다. 그러자 화자는 내심의 염려를 이렇게 말하고 있다.「알 베르친느를 혼자서 백화점에 가게 하다니. 백화점 같은 곳은 많은 사람들이 붐벼서 서로 부대끼게 되고, 출구가 많아서 빠져나왔다 해도 차는 거기에서 떨어진 곳에 주차시켜 놓았기에 여간해서는 찾지 못했다는 등 말을 둘러댈 수 있는 것이 아닌가….」

프루스트가 말한 대로, 1860년대 「봉마르쉐」(Bon Marche, 1852년에 설립된 파리의 백화점 - 역자)의 성공 이후 벨에포크(Belle Epoque, 보불전쟁이 끝난 다음부터 제1차 세계 대전까지[1871~1914] 서유럽에서 평화롭고 예술이 발전했던 시기 - 역자)에 대대적인 발전을 이룬 백화점도「실내」가 동시에「거리」인 것 같은, 양의(兩義)

적인 공간이었다. 벤야민이 보들레르론에서 말한 대로, 일찍이 파사주가 그랬던 유보(遊步)의 공간을 백화점이 계승한 것이다. 「지금은 백화점이라는 실내가 유보자들의 거리가 되고, 그들은 이 상품의 미궁 속을 일찍이 도시의 미궁 속을 방황했던 것처럼 헤매고 있다.」 목적도 없이 헤매며 걷는 것이 가능한 이 공간은 북적거리는 속에서 모습을 감출 수 있는 장소며, 게다가 미궁처럼 복잡해서 「많은 출구」로 빠져나가는 것이 가능한 장소이기도 하다. 그렇기 때문에 프루스트에게 있어서는 애인을 혼자 보내고 싶지 않은 장소의 하나였던 것이다.

사실 19세기 파리의 백화점이라는 공간은 집 안에 틀어박혀 있던 여자가, 「쇼핑」이라는 이유로 공공연히 외출할 수 있는 장소였다. 상품의 화려한 전시가 눈의 쾌락을 주는 것만이 아니라, 여자에게 있어서 백화점은 집 안에 있는 권태감을 해소시키는, 절호의 오락 공간이었던 것이다. 그리고 그 기분 전환 속에는 성적인 정사(情事)도 포함되어 있었다. 백화점이라는 미로 속에서 사람은 상품뿐만 아니라 <사람>과도 만난다. 가령 봉마르쉐의 독서실이 유부녀와 애인의 비밀스런 밀회 장소로 사용된 것은 잘 알려진 사실이다. 사람들의 북적임 속에 <뒤섞여서> 마음속의 사람과 만나는 것이 가능한 장소, 그곳이 바로 백화점이라는 편리한 공간이다. 만일 거기서 누군가 아는 사람에게 공교롭게 목격되었다고 해도 「우연」을 가장할 수가 있기 때문이다. 그렇게 해서 합세한 두 사람은, 이윽고 군중 속을 빠져나와 두 사람만의 장소로 향한다…. 거리이기도 하고 밀실이기도 한 이 공간은, 말하자면 군중 속의 에로스의 장소이기도 했던 것이다.

이러한 군중의 장소인 백화점은 또한, 에로스의 토포스뿐만 아니라 범죄의 토포스이기도 했다. 물건을 슬쩍 훔치거나 행인인 척하면서 지나는 사람을 위협해 돈을 빼앗는 등 백화점 자체가 새롭게 일으킨 신 범죄도 있지만, 미로 구조로 되어 있고 게다가 빠져나가는 것이 가능한 통로는, 범죄자에게는 달아나기 좋은 장소이기 때문이다. 알 베르친느처럼 연인의 눈을 피하고 싶어하는 여자뿐 아니라, 쫓는 자로부터 도망치고 싶어하는 사람은 북적대는 대중 속으로 뒤섞이는 것이다. 군중과 범죄는 언제나 손을 잡고 있는 것이다. 사람이 북적대는 거리에서 사람은 아무도 모르는 군중의 일원이 되고 익명자가 되어, 각자의 <미행(微行)>이라는 몸의 쾌락을 즐긴다. 혹은 그 <미행>하는 몸의 신원을 파악하고자, 탐정 또한 군중 속에 섞여서 그 직무를 수행한다. 근대의 고독한 군중의 탄생과 함께 추리 소설이 발생하는 것이다. 이렇게 말하고 있는 것은 말할 것도 없이 벤야민이지만, 그 근대의 군중 도시는 추리 소설과 함께 또 하나의 근대적 현상을 낳았다. 즉, 거리의 <매춘부>다. 거리를 오가는 군중은 매춘부에게는 몸을 팔아야 할 손님이며, 군중의 시대와 함께 「지나가는 길의 사랑」이 생겨나고, 하룻밤의 사랑을 파는 생업 또한 한층 번성해 간다. 현대의 군중과 함께 대중적인 <성의 시장>이 성립되는 것이다.

 보들레르는 이렇게 해서 탄생한 성의 시장을 「해질 무렵의 어슴푸레함」에서 노래하고 있다. 거기에 있는 것은 매춘부와 범죄자들의 무리를 받아들이는, 미로와 같은 근대의 군중의 모습이다.

 매혹의 황혼이 온다. 범죄자의 친구.
 공범자처럼 발소리를 죽이고 걸어왔다.

하늘은 넓은 규방처럼 천천히 닫혀지고,
애타게 기다리던 사내는 짐승으로 변한다.
 …
바람에 흔들리는 희미한 불빛 사이를 누비고,
<매춘>이 거리에 등을 밝힌다.
개미집 같은 많은 출구를 열고, 습격해 오는 적군과 흡사하게,
가는 곳마다 비밀의 통로를 연다.
<매춘>이 진흙의 도시에 꿈틀거리는 모양은,
<인간>의 먹이를 닥치는 대로 빼앗는 구더기와 같다.

이 시에 대해서 벤야민이 말하고 있는 것처럼, 여기에서 불려지는 매춘의 배경을 이루고 있는 것은 어디까지나 익명의 대중이며, 여기서 몸을 파는 매춘부들은 <대량 생산품>으로서 싸구려 화장으로 자신의 몸을 치장하고 있다. 보들레르가 노래한 매춘부는 사창가가 아닌 거리에 선 매춘부고, 미로를 이룬 도시 공간 그 자체가 하나의 거대한 사창가인 것이다.

이렇게 해서 현대의 군중과 함께 그 일족을 이루는 「공범자」로 탄생한 가난한 매춘부들은 프루스트의 벨에포크와 함께 모습을 바꿔 간다. 「들뜬 여자」라고도 불리던 드미몽테느(미모나 재기를 수단으로 귀족이나 정치가들을 후원자로 두고 화려하게 살던 여성들 ― 역자)들이 화려한 의상으로 몸을 감싸고 파리를 화려하게 치장했던 경위는, 졸라의 『나나』를 떠올리는 것만으로도 충분할 것이다. 프루스트가 그리는 오뎃트나 알 베르친느의 「장밋빛 드레스의 여인」은 나나의 자매로서 벨에포크의 풍속사를 장식한, <숨겨 둔> 여자들이다.

숨겨 둔 여자들은 호사스런 의상으로 몸을 감싸고, 고가의 선물에 둘러싸여 화려한 나날을 보낸다. 다만 그녀들은 그 화려한

모습을 위해 한 남자의 여자가 되지 않으면 안 되었다. 적어도 그런 것처럼 가장하지 않으면 안 되었다. 결국 그녀들이 주인인 남자의 감시의 눈을 피하는 것은 불가능한 것이다. 그 감시의 눈을 어떻게 해서든 피하고, 어떻게 해서 몰래 바람피운 것을 숨길 수 있을까. 이것이 그녀들이 도모할 일이 된다. 그리고 그 때문에 그녀들은 서로 구실이나 알리바이를 주고받는 것에 협력한다. 때때로 범죄자들이 그렇게 하는 것처럼 그녀들 또한 암흑의 동맹을 맺는 것이다.

이것을 역으로 말하면, 남자는 그녀들에게 속지 않기 위해 추리와 경계를 게을리 하지 않는「탐정」이지 않을 수 없는 것이다. 그렇게 수상한 여자를 숨겨 놓은 남자는「사랑의 탐정」이지 않을 수 없는 것이다. 마치『숨겨 둔 여자』의 화자처럼.

탐정은 전화를 사용한다

실제로『숨겨 둔 여자』의 내용 속에서, 화자는 얼마나 진상의 추리에 고민하며 탐정 역할을 하는 것인가. 화자는 차의 운전사에게 미행과 감시의 역할을 시키는 것뿐만 아니라, 여러 가지 수단을 써서 알 베르친느에 관한 정보를 얻으려고 최선을 다한다. 발베크의 호텔 지배인에게 연락해서 그녀의 행적을 탐문하고, 틈을 보아 그녀의 친구들로부터도 정보를 얻으려고 부심한다. 이렇게 해서 이 소설은 틀림없이「사랑의 탐정 소설」의 모습을 보여 가는 것이나, 인상적인 것은 거기에서 프루스트가 시대의 새로운 기술을 등장시키고 있는 것이다. 새로운 기술, 즉 전화인 것이다.

7. 콜걸 123

　모두(冒頭)에서 언급했던 그 일이 있던 날, 결국 알 베르친느는 친구인 안드레와 동행하여 외출하게 되었으나, 화자는 전날부터 그녀의 행동 예정이 신경 쓰여 견딜 수 없다. 행선지에서 자신을 배반하고, 게다가 그 배반을 아무렇지도 않은 얼굴로 숨기는 여자의 행실을 의심하고 있는 화자는 틈을 보아서 안드레에게 전화를 건다. 두 사람의 여자 친구가 공모하고 있는 것은 아닌가 싶어 의심하고 있는 것이다. 「알 베르친느가 몸에 걸치고 외출했던 옷을 벗으러 간 사이에 가능한 한 빨리 정보를 알아보려고 나는 수화기를 잡았다….」 그러나 그렇게 안드레에게 전화를 걸어 보았지만, 내일 예정도 두 사람의 공모도 전혀 확실치 않다. <나>는 불안과 의혹 속에 남겨진 채다.

　다음날 아침, 두 사람이 외출한 후에 혼자 집에 남은 <나>는 그 사이에도 전화로 정보를 캐려고 한다. 백화점에 들르기 전에 트로카데로의 마티네에 가고 싶다고 말했던 알 베르친느가, 거기에서 이전의 여자 친구인 레아와 만날 예정이 아닐까 하고 질투에 사로잡히는 것이다. 화자는 「고모라의 여인들」의 이런저런 거짓말에 마음이 어지러운 것이다. 「알 베르친느가 트로카데로에서 레아란 여자 친구와 재회하는 것이 불가능하도록 모든 수단을 쓸 필요가 있었다. 어떻게 해서든 그렇게 할 필요가 있었다.」 여기에서 여러 가지를 생각한 <나>는 레아의 남자 친구에게 전화를 건다. 그러나 그 친구는 아무것도 모르고 있고, <나>의 의혹은 어느 것 하나 해소된 것이 없다…. 생각다 못한 화자는 하녀인 프랑소와즈에게 명해서 트로카데로까지 심부름을 보낸다. 말하자면 화자는, 수상한 정사의 현장에 심복을 파견한 것이다. 그때 그는 알 베르친느를 찾아내면 자신에게 전화를 하도록 명하며, 프랑소와즈를 보낸다. 아무 일 없이 알 베르친느가 귀가한다면 자신도 외출할 수 있도록 준비를 하면서,「사랑의 탐정」은 오로지 전화만 기다린다.

　나는 준비가 되었는데 프랑소와즈로부터는 아직 전화가 없다. 전화를 기다리지 않고 외출해야 할까? 그렇다고 해도 프랑소와즈는 쉽게 알 베르친느를 찾아낼 수 있는 걸까? 알 베르친느가 무대 뒤에 있는 것은 아닐까? 그녀를 프랑소와즈가 우연히 만난다고 해도, 그렇게 손쉽게 데려올 수 있을까? 그러고 나서 30분이 지나 전화벨이 울렸다. 그러자 나의 마음속에서 희망과 두려움이 수선스럽게 파도치는 것이었다. 그것은 전화국원의 명령으로 날아온 소리의 일대(一隊)로서, 그것을 순간적인 속도로 나에게 운반해 온 것은 프랑소와즈의 소리가 아닌, 전화교환원인 남자 목소리였다.

　결국 그날 알 베르친느는 화자의 의혹을 뒷받침할 것 같은 거동은 무엇 하나 보이지 않고 화자 곁으로 되돌아왔지만, 이 장면은 전화라는 것이 당시 얼마나 새로운 매체였는가를 다시금 우리에게 상기시킨다. 프랑스에서는, 교환자가 없는 다이얼 전화가 보급된 것은 아주 새로운 일에 속했다. 하지만 프루스트의 서사(敍事)는 당시 이 매체가 극히「새로운 것」이었던 만큼, 그 매체가 초래한 혁신성을 생생히 전하고 있다. 전화에 완전히 익숙해진, 현재의 우리는 새삼스럽게 그 속도에 대해서 말할 필요가 없을 것이다. 하지만 프루스트가 쓰고 있는 대로, 전화는 정말 순간적인 속도로 먼 상대의 소리를「날아 오는」것이다.

　전화 저쪽 편 상대는 붐비는 사람들 속에, 군중 속에 있다. 걸어서 찾아서는「그렇게 손쉽게 찾을 수」없어 보이는 한 사람을, 전화는 확실히 자신의 바로 옆으로 끌어당길 수 있는 것이다. 전화는 나와 그 사람 사이의 거리를 없애어 하나로 묶는다. 그 전화에 의해 나와 「현장」은 하나로 연결되는 것이다. 그렇기 때문에 비록 전화 교환원인 남자를 매개로 하고 있다고 하더라도, 전화는 화자에게 말로 표현할 수 없는 안도감을 가져오는 것이다.

그렇다고는 하나 그 전화는 일시적인 안도감을 초래한 것에 지나지 않고, 실제로 알 베르친느는 화자를 배신하고 있는 것이지만, 그것은 또 안심을 가져오는 전화가 「거짓말하는」 전화일 수도 있음을 새삼스럽게 우리로 하여금 생각하게 한다. 이 장면은, 여하튼 일반적으로 사람은 전화로 거짓 정보를 말해서 상대를 속이는 것도 가능한 것이다. 태연한 말투를 가장한다든지 타인의 목소리를 가장하거나, 또는 이름을 대지 않고 무언(無言)으로 상대의 동정을 살피거나, 또는 협박의 목소리를 보내는 것도 가능하다…. 이러한 어떤 경우에도 전화는 실로 효과적인 역할을 해낸다. 왜냐하면 「소리」는 상대에게 닿기 때문이다. 그것도 상대의 내부, 「마음」속으로.

콜걸

전화는 공간적인 거리를 초월하여 사람과 사람을 연결한다. 프루스트 시대에 아직 사치품이었던 전화가, 그 후 한 세기의 흐름을 거쳐 어떠한 보급을 이룩했는가는 우리가 이미 잘 아는 사실이지만, 그 전화의 보급과 함께 군중 또한 완전히 그 표정을 바꾸어 간다. 거리의 공중 전화건 자택 전화건, 무릇 전화는

「안」과 「밖」의 구별을 무효화하는 것이다. 전화의 네트워크는 어떠한 건물도 넘어서 확산되어 간다. 그것은 「순간적인 속도」로 직접 마음과 마음을 잇는 장치인 것이다. 그리고 그것에 의해 전화는 마음뿐만 아니라 <몸>도 이어 간다. 전화의 보급과 함께 보들레르의 「거리의 매춘부」나 프루스트의 「들뜬 여자」도, 빛 바랜 풍속이 되어 가는 것이다. 그렇게 전화와 함께 <콜걸>이라는 직업이 탄생하는 것이다. 대량 생산된 매춘부는 드디어 그 수를 늘려 가는 것이 된다. 이렇게 말한 사람은 맥루한이다. 맥루한의 『미디어론』은 전화에 대해서 다음과 같이 기술하고 있다.

전화가 사회에 초래한 가장 의외의 영향은, 유곽을 폐지하고 콜걸을 탄생시킨 것이다. 안목이 없는 인간에게는 모든 것이 의외다. 전화뿐 아니라 모든 전기 기술의 형태와 특성이 이 놀랄 만한 전개 속에 충분히 나타나 있다. 예전의 매춘부는 화류계 여자고 프로였다. 지금의 콜걸은 그렇지 않다. 매춘부의 「숙소」는 집이 아니었다. 그러나 콜걸은 집에서 살 뿐만 아니라 한 가정의 주부일 수도 있다. 전화가 모든 일로부터 중심이라는 것을 소실시켜, 특정 지역에 제한되어 있던 매춘뿐만 아니라 장소를 다투는 것 자체를 종결시키는 힘을 갖는 것은 이 나라의 모든 비즈니스에서 감지할 수 있는 것이지만, 아직 이해가 되어 있지는 않다.

맥루한의 『미디어론』이 출판된 것은 1964년. 프루스트 시대로부터 대략 반세기간의 시대의 변모를 엿보게 한다. 전화의 보급은 「모든 일로부터 중심이라는 것을 소실」시켜 무릇 「장소」라는 것을 무효화해 버린다. 거리를 오가는 군중은 늘어가는 인구와 함께 점점 무관심의 정도가 깊어지고, 도시는 서로 얼굴

모르는 사람끼리 무관심의 토포스가 된다. 근대의 군중은 반세기를 지나 19세기 파리로부터 20세기 뉴욕으로 그 무대를 옮겨 간다. 지금 우리들이 만나는 것은 바로 리스만이 말하는 「고독한 군중」이다. 서로 상대를 모른 채 무관심과 경계심 속에 틀어박혀, 그래서 타자와 유대 관계를 끊임없이 추구하는, 모래 같은 군중들…. 그 모래의 군중 도시에 방대한 숫자의 매춘부들이 섞여 들어간다. 이미 특정한 「숙소」를 필요로 하지 않고 「전화 한 통으로」 일을 하는 것이 가능한, 방대한 콜걸들이…. <콜걸의 번영>을 경험한 도시, 그것은 다른 어느 도시도 아닌 뉴욕이다. 유럽보다 먼저 전화 사업 개발에 힘을 쏟은 미국은 오늘날의 전화 회사를 선도해 온 나라이기 때문이다. 전화의 네트워크는 모습이 보이지 않는, 고독한 군중을 연결한다. 그 라인은 암흑에서 암흑으로 연결되어, 말하자면 도시의 언더그라운드를 형성하고 있다. 「전화 한 통으로」 일을 하는 사람은 콜걸뿐만 아니라 범죄자도 있으며, 범죄자를 쫓는 탐정도 있다. 너나없이 모두 익명자며 밤 세계의 주민들인 그들은 서로 전화 회선을 사용하면서 각각의 일을 해내고, 그러면서 모르는 사이에 생각지도 않은 관계를 맺고 있다. 「사랑의 탐정」은 지금이야말로 문자 그대로 범죄자를 쫓는 탐정이 되어 사랑에도, 범죄에도, 탐정에도 언제나 전화가 따라다닌다.

더티 라인

가령 로렌스 브로크의 추리 소설인 『팔백만의 죽은 모양』은, 이렇게 전화 도시로 화한 80년대 뉴욕을 속속들이 이야기하고 있어서 흥미롭다.

주인공인 사립 탐정, 매트 스카터가 숙소로 삼고 있는 곳은 맨해튼의 어느 싼 호텔. 호텔이라는 공간은 그야말로 익명의 사람들이 모습을 숨기는 토포스다. 사람들은 그곳에서 가명으로 숙박하는 것이 가능하고, 게다가 언제라도 임의로 사라지는 것이 가능하다. 정말 그곳은 대도시에서「임시 숙소」다. 이러한 임시 숙소에서 생활하는 사람들에게 빠질 수 없는 것, 무엇보다도 그것은 전화다. 사실 매트는 끊임없이 전화를 하고 있다. 호텔로 돌아오면 제일 먼저 하는 일이 부재중의 전화 메시지를 확인하는 것이다. 그러고는 그 메시지에 응해 즉각 이쪽에서 전화를 건다. 그렇게 해서 하루 대부분의 시간 동안 전화를 사용하고 있는 그는, 또한 매일 신문을 사서 이 도시에 일어나는「죽음과 범죄의 정보」를 훑어본다. 그런 그가 어느 장면에서 말하는 대사는 상징적이다.「이 썩어빠진 똥통 같은 거리에 뭐가 있는지 알 수 있나? 뭐가 있을까? 팔백만의 죽는 모양이 있는 거야.」무관심의 도시 뉴욕에는 팔백만의 죽음이 있고, 그 어느 죽음에도 사람들은 무관심한 것이다. 같은 호텔의 옆방에서 내일 누군가가 죽어 있을지도 모른다. 그러나 모르는 사람끼리인 숙박자는 누구 하나 그것을 눈치 채지 못하고 아침을 맞는다….

사실 익명의 공간인 호텔의 한 방에서, 어느 날 콜걸 한 명이 비참하게 죽는다. 그리고 그 여자의 죽음은 또 다른 콜걸의 죽음을 초래했고, 또 다른 매춘부의 살인을 불렀다. 한 명은 호텔에서 자살을 기도했고, 또 다른 한 명은 호텔에서 참살당한 것이다. 매트는 살인범을 쫓을 때에 더욱 빈번하게 전화를 이용한다. 최초로 살해당한 콜걸과 그는 한 번 만난 적이 있었다. 그때 콜걸이 말한 대사는 바로 맥루한을 상기시키는 말이어서 흥미롭다. 그 여자는 찬스라고 자칭하는 자신의 기둥서방에 대해서 이렇게 말하는 것이다. 「찬스는 숙소에서 나를 데려다 주고, <u>전화로 일을 할 수 있게</u> 해 줬어. 그렇게 된 지 벌써 3년이야.」(밑줄 필자)

정말 전화는 「콜걸」을 대량 생산하는 장치다. 그리고 아마 콜걸 못지 않게 범죄자도. 콜걸과 기둥서방이 연락을 취하는 것도 또 전화다. 전화는 이 무관심의 도시에서 「암흑」의 조직과 조직을 잇는 더티 라인이기도 한 것이다. 예를 들어서, 이 소설에서 페이지마다 등장하는 전화 응답 서비스 장면은 전화 응답기 이상으로 흥미롭다. 메시지를 받는 사람이 상대에게 연락을 취할지 어쩔지를 취사 선택할 수 있다라는 의미에서 전화 응답 서비스는 전화 응답기와 같은 기능을 하고 있으나, 전언(傳言) 서비스 이용은 거기에 더해서 전화 번호에 의해 주소가 탐지되는 위험을 배제하는 기능도 수행하고 있다. 전화라는 매체는 걸려 오는 전화를 받지 않으면 안 된다는 폭력적 강제력을 가지고 있으나, 전화 응답기나 전언 서비스는 전화 커뮤니케이션의 양방향성을 커트하여, 그 폭력성으로부터 신분을 보호하는 기능을 하고 있다. 게다가 응답 서비스는 자택의 전화 번호를 비밀로 하는 것에 의해, 이중으로 타자로부터 신분을 보호하는 셈이 된다. 확실히 전화에는 그런 방위 기능이 필요할 정도로 폭력적인 침입성이 갖춰져 있다.

작중에서 이 전화 매체의 폭력성을 뒤집어 말하고 있는, 인상적인 장면이 있다. 콜걸의 기둥서방인 찬스라는 남자의 거처. 거의 타인을 들여놓은 적이 없는 그 집 속에, 거기에도 전화가 놓여 있기는 하지만, 그 번호를 그는 누구에게도 가르쳐 주지 않는다. 그 전화는 오로지 그쪽에서 전화를 걸 수만 있도록 되어 있는 전화다. 그래도 잘못 온 전화나 세일즈 전화가 이따금 걸려 올 때도 있다. 거기에서 그는 드라이버로 전화기 뚜껑을 열고, 전류가 흐르면 벨이 울리는 부분을 부숴 버린다. 그러자 어디로부터 전화가 걸려 오더라도 예전처럼 전화벨이 울리는 일은 없다. 요컨대 그는 그 전화를, 누가 걸어 와도 결코 울리지 않는 전화로 만든 것이다. 「이 집 전화는 항상 이쪽에서 걸기만을 위한 전화인 것이다.」 그래서 이 남자는 다음과 같이 말한다. 「집 안에 들어와 있는 차고의 문을 잠그면, 바깥 세계와 나는 일절 관계가 없게 된다. 아무것도 나에게 접촉해 오지 않는다, 아무것도.」

　남자의 말은, 전화가 〈접촉〉하는 물건이라는 것을 반어적으로 말하고 있다. 아무리 사람이 밀실에 틀어박히려고 해도 거기에 전화가 있는 이상, 그 공간은 밖으로 열려 있는 것이다. 자신이 사람에게 접촉하고 싶다고 생각할 때에만 전화를 걸고, 타자 쪽에서 접촉하는 것을 금지하는 밀실 — 찬스라는 남자의 집 — 은 무관심의 도시에서 사는 사람들의, 일종의 유토피아라고 할 수도 있을 것이다. 고독하고 고독한, 너무나도 고독한 밀실의 유토피아.

　그 밀실을 은거지로 하면서, 찬스는 세 여자의 기둥서방을 하고 있다. 전화 응답 서비스를 풀로 이용해서 여자들의 동향을 파악하고 있는 것이다. 여자들 또한 찬스에게 연락을 취할 때에 응답 서비스를 사용한다. 페이지마다 전화 장면으로 뒤덮인 이 하드보일드 소설은 정말로 암흑을 잇는, 더티 라인의 네트워크란 존재를 절실히 느끼게 한다. 말하자면 이 도시에는 장소를 갖지 않는, 또 하나의 도시가 존재하는 것이다. 범죄자나 탐정의 무리가 꿈틀거리는, 보이지 않는 도시가. 콜걸 또한 그들과 나란히, 그 보이지 않는 도시에 사는 주민의 전형일 것이다.

그 소리

실제로 「언제, 누구에게도, 하고 싶은 때에」라는 전화의 임의적 성격과 「그때만의」 성(性)이라는 콜걸의 존재가 너무나 유사성이 많다고 말할 수는 없을까. 그렇다, 콜걸을 상대로 할 때에 사람은 언제라도 그 여자와 「끊을 수」 있는 것이다. 마치 전화가 끊기는 것처럼….

그리고 콜걸이 전화 도시에서 어울리는 것은, 이와 같은 성질의 익명성과 임의성에 있어서뿐만은 아니다. 전화는 그 육체성에 있어서도 콜걸과 아주 비슷하다. 왜냐하면 전화라는 것은 매우 <육체적>인 장치이기 때문이다. 사람은 전화로 <목소리>를 교환한다. 모습이 보이지 않는 소리는 육체 이상으로 육체를 느끼게 하는 것이다. 전화가 당신에게 <접촉하는> 것은 원래 소리라는 것이 <접촉하는> 것이기 때문이다. 전화라는 더티 라인은 언제나, 어디에선가 성(性)이란 암흑의 세계에 연결되어 있다. 무의식적으로 그것을 알고 있는 당신은 그렇기 때문에 누구도 모르는 여자, 즉 콜걸에 한해서 전화 수화기를 들고 다이얼을 돌리는 것이다.

당신은 거기에서 매우 사적(私的)인 목소리를 낸다. 베드 속에서나 들려주는 소리, 결코 「사회」에는 들려주지 않는 목소리를. 그리고 그런 당신에게 대답하는 여자의 목소리 또한 당신 이상으로 사적인 목소리를 귓전에 속삭인다. 더티한 유혹의 소리를. 유혹의 소리라고 하는 것은, 여자는 그때 사적(私的)이면서도 직업적인 목소리를 내고 있기 때문이다. 매춘부는 화장을 해서「만들어진 얼굴」을 한다. 이와 같이 콜걸은「만들어진 소리」를 낸다. 우선 최초의 전화에서, 약속을 하는 전화상의 대화에서, 그러고 나서 바로 두 사람만의 베드 위에서.

제인 폰다가 주연해 화제가 된 1970년대 영화『콜걸』은, 전화나 테이프라는 소리의 복제 장치를 구사하면서 이런「소리」를 들려주는 영화다. 제인 폰다가 연기하는 콜걸의 배후에는 기둥서방 조직이 도사리고 있고, 섹스와 범죄가 맞물려서 콜걸의 연속 살인이 일어나고, 그것을 사립 탐정이 쫓아간다는 줄거리는『팔백만의 죽은 모양』과 실지로 많이 닮아 있지만, 이와 같이 20세기 도시의 더티 라인을 묘사하면서『콜걸』이 두드러지게 나타내 보이는 것은 암흑 속의 소리다.

매춘부 프리의 전화 목소리가 범인에 의해 도청되어 테이프에 녹음되고 있다. 아니, 전화 목소리뿐만 아니라 고객을 상대로 할 때의「꾸며낸 목소리」조차 테이프로 보존되어 있다. 다른 것도 아닌 자신의 그 목소리를, 그녀는 귓전에서 듣게 되는 것이다. 콜걸인 그녀의 아파트에는 물론 전화가 있다. 그녀는 전화를 받지 않으면 안 된다. 벨이 울리고 수화기를 든다. 그러자 그녀의 귀에 들려오는 것은 틀림없는 <그 소리>, 고객에게 지껄였던 그 소리인 것이다.「죄악감 따위는 버릴 거야.」,「가장 중요한 일, 그것은 자신을 속속들이 드러내는 일.」,「당신이 좋아하는 것은 뭐야?」,「채찍질하는 일?」,「아니면 M?」,「나를 마음대로 해도 괜찮아요.」자신의 목소리를 듣게 된 프리는 무심결에 얼굴을 일그러뜨리고 운다. 이중 삼중의 굴욕감과 수치심에 괴로워서, 자신 속의 더티 보이스를 폭력적으로 드러내게 된

충격으로 울면서 귀를 막는다.

 목소리라는 것은 사실 내밀성 그 자체인 것이다. 자신의 목소리를 듣는 일, 그것은 누구에게나 견딜 수 없을 정도로 부끄러운 일임에 틀림없다. 그렇다, 그것은 정말로 부끄러운 경험인 것이다. 마치 자신의 섹스 행위를 드러내 보이는 것처럼. 그 정도로까지 목소리는 육체 이상의 육체일 것이다. 콜걸이 듣게 된 것은, 자신이 그 육체—소리—를 팔고 있는 현장의 목소리의 재생이다. 테이프에서 들려오는 그 목소리는 그녀의 마음속 깊은 곳으로 찔러 들어온다. 몰래 카메라로 찍은 현장 사진을 들이대는 것보다 더욱 깊은 곳으로….

 소리는 말하자면, 얼굴 없는 성(性)이라고 해도 과언이 아니지 않을까. 소리는 <나>의 성을 육체 이상으로 숨김없이 전하고 만다. 영화 속의 콜걸 목소리는 미태(媚態)의 목소리고 「상품」의 목소리여서, 굴절된 꾸며 낸 목소리와 그 목소리의 재생이라는 더티한 뒤엉킴이 이 영화의 초점이 되고 있으나, 만일 그것이 꾸며 낸 목소리가 아니라 진짜 목소리라고 한다면, 우리는 더욱 또렷이 성(性)의 목소리를 듣게 될 것이다. 고독한 무관심의 도시의 메타포(metaphor)라고 해야 할 호텔이라는 장소, 익명의 사람들이 임시로 몸을 서로 의지하는 고독한 셀(cell, 작은 방—역자)의 집합에는 팔백만의 「그 소리」가 숨어 있는 것이 아닐까? 서로가 서로를 알지 못하고, 내일을 함께하지 않으며, 아침과 함께 헤어지는 남자와 여자가 한때만 교환하는 목소리의 비(非) 장소.

 이렇게 목소리는 어디에도 장소를 갖지 않고, 어디에도 정착할 수 없다. 전화 회선이라는, 언제라도 「끊을 수 있는」 장소, 장소 아닌 장소를 임시 거처로 하면서 팔백만의 소리가 들리고는 꺼져 간다. 얼굴을 보이지 않고, 때로는 상대의 이름조차 모르는, 덧없는 콜 라인. 그 덧없음은 20세기 말에 사는, 얼굴 없는 군중의 의지할 곳 없음 그 자체인 것처럼 울린다. 이미 사람은 누군가의 뜨거운 정념이 「숨겨 둔」 몸이 되는 불행조차 가질 수 없고, 「사랑의 탐정」에게 쫓기는 재액(災厄)조차도 상실하고 있다. 전화벨은 당신을 요구하며 울린다. 그렇지만 전화는 또한 곧 「끊긴다.」 이렇게 해서 쓸쓸한 셀(cell)만이 정처 없이 증식을 거듭해 가는 도시의 하늘 아래, 프루스트의 아날로그적인 정념은 얼마나 아득한 것일까.

8. 소리의 유토피아

[1] 미디어의 테러

머나먼 것

언제부터라고 할 것도 없이 우리의 세계로부터 없어진 지 오래된 것, 그것은 <머나먼 것>이다. 나로부터 멀리, 가까이 하기 어렵고, 손이 닿지 않는 것. 나와 대상을 격리시켜 좀처럼 접근을 허락하지 않는 것. 거리가 있는 것….

그것이 사람이라면 권위를 느끼게 하고, 물건이라면 동경을 불러일으키고, 풍경이라면 여행으로 유혹하는 거리(距離), 그 거리가 조금씩 풍화(風化)해 가고 있다.

이렇게 해서 우리로부터 <머나먼 것>을 뺏고, 모든 것을 가까운 것으로 바꿔 가는 파괴의 사자, 그 이름은 미디어다. 맥루한은 말한 것이다. 텔레비전은「근시(近視)」의 미디어라고. 텔레비전은 활자 문화가 만들어 낸 전문 영역적 경계선을 희미하게 해서 전체를 모자이크화한 감각으로 내민다. 윤곽의 형태가 분명하지 않은 그 모자이크는「전체 포괄적인 <지금>에의 전면적인 참여」를 재촉하고 있다.

미디어는 메시지라고 하는, 맥루한의 테제를 새삼스럽게 반복할 필요도 없을 것이다. 텔레비전을 보는 우리는 지금 여기에 없는 일들을 주변으로 끌어당기고 있다. 텔레비전에 의해 우리는 전세계와 연결되고, 먼 것을 가깝게 끌어당기는 것이다. 먼 곳에서 일어나고 있는 일들에 리얼 타임으로 참가한다. 이렇게 우리는 「참가하는」 것이다. 눈과 대상을 떼어놓는 활자의 시각 문화와 대조적으로, 텔레비전은 촉각적으로 <먼 곳>에 접촉해서 그것과 <함께 있는> 감각―패션처럼―을 만들어 낸다.

지금 이곳에 있으면서 먼 곳을 느낀다는, 미디어가 행사하는 이 힘은 정말로 파괴의 사자라고 불리기에 어울린다. 스위치 하나로 순식간에 「먼 곳」에서 보내 오는 것은 우리로부터 <머나먼 것>을 빼앗아 가기 때문이다.

<머나먼 것>. 매체가 초래하는 감각의 변용을 <머나먼 것>과 결부시켜 생각한 사람은 말할 것도 없이 벤야민이다. 복제 기술에 의한 예술 작품의 일회성의 상실. 확실히 이것이 벤야민이 말한 아우라(aura, 靈氣)의 상실임에는 틀림없지만, 단순히 그것은 예술 작품의 수용뿐만 아니라 폭넓게 우리 삶의 모든 감각의 모습과 관련되어 있다.

제일 먼저, 그것은 「거리」의 문제다. 복제 기술은 일회적이었던 작품을 대량으로 복사해 널리 보급시킴으로써 대중에게 가까이 하게 한다. 대중과 예술 사이는 한없이 가까운 것이 된다. 이런 「가까움」이 작품의 아우라(aura, 靈氣)를 파괴하는 것이다. 「아무리 가깝다 할지라도 멀고도 아득한 기분을 느끼게 만드는, 단 한 번만의 현상이라는 아우라의 정의는 예술 작품의 예배적 가치를 공간적·시간적인 지각의 범주에 따라 말로 표현한 것이다. 머나먼 것은 가까운 것의 반대다. <머나먼 것>의

본질은 근접하기 어렵다는 데에 있다.」

 작품이 대중의 주위에 쉽게 도달하는, 친숙해지기 쉬운 정도에 따라 작품은 <머나먼 것>을 잃어버린다. 마치 텔레비전이 비추는 먼 곳의 영상이, 전혀 근접하기 어려운 느낌을 갖고 있지 않은 것처럼. 멀리 있는 것을 지금 이곳에 전송해 주는 미디어는 그것을 역사적인 시간의 흐름으로부터 뽑아 내어 기원을 빼앗고, 실제인 현재 속으로 옮겨 놓는다. 이때 작품은 <권위>를 상실한다. 아득히 먼 것은 역사적 문맥에서 분리되어, 전통의 두터움이 벗겨지고 말기 때문이다. 작품은 이제 가까이 있고 접촉할 수 있는 것으로 바뀌어, 오감의 전부를 끌어들여 대중의 참가를 재촉하는, <지금>이라는 시간 속으로 운반되어 온다.

 결국 매스 미디어는 우리의 시간 감각에 급진적인 변화를 강요하는 것이다. 모든 것이 현실이라는 시제(時制)의 지배하에 놓이게 될 때, 시간은 그 농담(濃淡)을 잃고 단조로운 것이 된다. 그와 함께, 시간에 따라 살아가는 우리의 경험 세계 자체도 굴곡을 상실하고 단조롭게 된다. 미디어의 시간은 인간적인 시간에 대한 테러의 행사인 것이다. 벤야민이 아우라의 상실이라는 말로 명시한 것은 이런 인간적「경험」의 붕괴 위기였다.

 경험의 붕괴. 벤야민은「이야기 작가」에서 같은 경우를,「이야기」와「정보」를 비교하며 말하고 있다. 이야기와 정보는 그 양쪽 모두 무엇인가 일어난 일의 전달이지만 양자는 전달 형식에서 두드러진 대비를 이루고 있다. 입에서 입으로 전해 가는「이야기」는 아득히 먼 옛날에 기원을 둔다. 이야기의 화자들은 공간적으로 멀고 시간적으로도 아득한 먼 곳에서 일어났던 일들을 사람들에게 들려준다. 이러한 이야기는「편력을 거듭한 자가 고향에 가지고 온 먼 나라들의 소식이나, 정주자(定住者)들이 가장 즐겨 듣고 싶어하는, 과거 소식의 고백」 등이다. 즉 화자는 「전에 어디선가」 살던 경험을 「지금 이곳」에서 살아가는 사람들에게 전달하는 것이다. 그 이야기에 귀를 기울이는 사람들은 거기에서 어떤 조언을 얻는다. 이야기는 듣는 사람들의 기억 속에 간직되고, 각각의 경험 속에 뿌리를 내린다. 이야기란 「다시 말하면, 갖가지 경험을 교환하는 능력」인 것이다.

　벤야민은 이야기의 이런 전달 형식을 「수공업적」이라고 표현하고 있다. 이야기에 의한 경험의 교환은 대개 순간성과 가장 거리가 멀다. 그것은 서서히 시간을 들여 기억 속에 축적되어, 시간의 두께 속에서 발효되어 간다. 이런 시간의 두께야말로 사람의 경험을 만들어 가는 것이다. 실로 「무료함이야말로 경험이라는 알을 까는 꿈의 새」인 것이다. 손으로 뭔가를 하는 것과 함께 살아온 시간은, 균질적인 순간의 계기(繼起)와 도무지 인연이 없다. 이 세계에는 각각 <나>라는 중심이 있고, 그 「내」가 몸으로 체험한 사건이 시간을 분절화(分節化)시켜 간다. 시간은 경험에 잠겨 시간으로 의식되는 일이 없다. 지루함을 지루함으로 의식하지 않는 이 세계는 실제라는 시간 감각에 침범당하고 있지 않다. 그러므로 거기에서는 <머나먼 것>이 권위를 갖는다. 「멀리서부터 전해진 소식은 — 그것이 공간적으로 이국(異國)이든, 시간적으로 전승(傳承)이든 — 어떤 권위를 마음대로 하고 있어서 예를 들어, 그 진위 여부가 검증되지 않아도 충분히 통용되고 있었다.」 아득히 먼 사건들은 「나」라는 중심에 전달되어 뭔가를 가르친다. 그것에 귀를 기울임에 따라 나의 경험 세계는 넓어지고, 풍부하게 되는 것이다.

벤야민이 이런 수공업적인 경험 세계의 두터움을 말한 것은, 그것이 소멸 위기에 직면하고 있어서였다. 그의 「이야기 작가」론은, 말하자면 뒤집어 놓은 매스 미디어론이다. 신문이라는 미디어의 융성을 앞에 두고, 벤야민은 현재라는 시제가 미치는 테러의 힘을 정확하게 느끼고 있던 것이다. 사실 텔레비전이나 신문 같은 미디어의 속보성은, 이야기라는 전달 형식을 일소하면서 경험의 교환이라는 것을 불가능하게 한다. 뉴스-속보-라는 매스컴의 전달 형식은 분명히 「지루한 시간」을 먹이로 해서 그것을 탐하기 때문이다. 「신문을 한 눈으로 보면, 경험의 주가가 다시 새로운 바닥 시세에 달한 것을 알 수 있다. 외적 세계의 모습뿐만 아니라 윤리적 세계의 모습까지 하룻밤만에, 도저히 가능하다고는 생각할 수 없을 정도로 변동을 당했다는 것이 분명해진다.」

차례차례 보도되는 정보는 내 기억의 저장고를 텅 비게 만들어 버린다. 사건은 굴곡을 상실하고, 규칙적으로 잇달아 일어난다. 나는 여러 사건들을 「알고」 있지만, 그 중 어느 것도 나의 경험을 「키워 주지」 않는다. 정보의 스피드는 귀 기울이는 시간을 빼앗는다. 그것은 「경험이라는 알을 까는 꿈의 새」를 죽이는 것이다. 일어난 일을 기억하고 품어서 거기에서 뭔가를 배우는 시간을. 그리고 뉴스는 「가르침」이 지나쳐 이야기가 갖는 지혜를 상실한다. 일어난 일들은 전달되자마자 해석이 달려 완전히 이야기되어 버리기 때문이다. 「정보는 다만 이 순간에만 살아서 자기를 이 순간에 완전히 맡기고, 시간을 두지 않고 설명되어야만 한다.」 요컨대 뉴스 보도와 함께 우리는 사건-정보-의 소비자가 되는 것이다. 벤야민은 정보의 대량 보급과 소비자의 대량 출현을 앞두고, 이야기가 구전되는 듯한 수공업적 속도 세계의 폐허를 보고 있던 것이다.

수공업의 우주

 이렇게 보면, 벤야민이 말한 아우라(aura, 靈氣)란 「전통과 깊은 관계」라고 하기보다 오히려 농담(濃淡)이 있고 요철이 있는, 시간의 흐름 속에 살아 있는 경험 세계와 불가분의 관계라고 말하는 것이 좋을 것이다. 이 세계에는 나의 신체가 있고, 손이 있고, 몸짓이 있고, 이야기에 귀를 기울이는 마음이 있다. 「아우라란 무엇일까? 공간과 시간이 짜내는 하나의 특이한 직물이며, 아무리 가깝다 해도 그래도 아직은 먼, 단 한 번뿐인 현상이다. 어느 여름 한낮에 휴식을 취하면서 지평선에 가로놓인 산맥이라든가 사람 위에 그림자를 드리워 주는 나뭇가지를 순식간에, 혹은 시간이 그들 현상에 관계될 때까지 눈으로 쫓아가는 것, 이것이 이 산맥이나 나뭇가지 따위의 아우라를 호흡하는 것이다.」
 여기선 산맥도 나뭇가지도 나로부터는 먼 곳이고, 나는 「수공업」의 완만한 리듬을 갖고 그것들을 끌어당겨 모으며 경험이라는 「직물」을 짜 간다. 이 일을 지지하고 있는 것은 「정신과 눈과 손의, 옛날부터의 협조」다. 갖가지 감각은 서로 협조하면서 살아 있는 직물을 만들어 간다. 이야기는 이런 환경에서야말로 직조(織造)되고, 먼 곳으로부터 전달된 경험을 소화하는 것이다.
 정신과 눈과 손의 협조, 이것을 촉진시키는 것은 소리다. 벤야민이 근대의 폐허로서 불러내는, 수공업적 이야기의 세계는 옹이 말하는 「소리의 문화」를 상기시킨다. 옹 또한 「듣는 일」의 협조성을 주장하기 때문이다. 문자 문화의 시각(視覺)이 사람을 고립시키는 것에 반해, 「청각의 이상은 조화이며, 즉 하나로 되는 것」이라고 옹은 말한다. 소리는 여러 감각을 협조시켜 통합한다. 통합된 이들 감각의 중심에 위치하는 것이 <나>고, 세계는 <나>의 신체 주위로 확대된다. 「소리의 중심화 작용(소리의 장(場)은 나의 전방이 아니라, 나를 중심으로 그 주위에 펼쳐져 있다는 것)은, 인간의 우주 감각에 영향을 미친다. 소리 문화에 있어서 우주는 그 중심인 인간과 함께 걸어가는 것이다.」

옹이 말하는 우주 감각과 벤야민이 말하는 수공업적 감각은 어디에선가 하나로 공명하고 있다. 그 어느 것도 <나>는 갖가지 감각을 협조시키면서, 자신의 경험을 직조해 가며 머나먼 세계와 공진(共振)하고 있다. 여기서 지나가는 시간은 정신과 눈과 손의 활동과 불가분하게 연결되어 있어서, 디지털적인 진행이라는 것과는 무관하다. 그리고 공간은 나의 신체 주위에 원근(遠近)을 그리고 있다. 내 손의 활동은 우주의 진동과 함께 있는 것이다. 나는 자신의 경험의 직물을 짜면서, 동시에 우주라는 직물 속에 박혀 있다. 「지금」은 과거의 기억과 연결되면서 그것을 고쳐 꿰매고, 「여기」는 아득히 먼 곳과 연결되면서 자신의 윤곽을 배우고 있다.

대중의 속도

미디어는 이러한 세계에 테러의 힘을 행사한다. 미디어는 그 스피드로 수공업적 시간을 무색하게 만들고, 「먼 곳」과 「가까운 곳」의 거리를 압살해 버린다. 미디어의 속도와 함께, 아득히 먼 것은 세계로부터 쫓겨나게 된다. 그것과 함께 「정신과 눈과 손」의 협조에 의해 직조되고 있던, 경험의 우주는 점점 더 붕괴의 도가 심해진다. 그것과 함께 아득히 먼 것을 둘러싸고 있던 아우라도.

이것은 아우라의 상실이라고 곧잘 일컬어지는데, 흥미 있는 것은 벤야민이 이 속도의 혁명과 <대중>을 결부시킨다는 것이다. 복제 기술의 급속한 발전은 「평등에 대한 감각」의 발전과 평행한 것이다. 대상에 접근하는 테크놀로지의 속도는 대중에 접근하는 정치적인 속도와 함께한다. 근접하기 어려운 것을 친숙한 것으로 바꾸는 것. 사실 복제 기술이 해낸 것은 이것이며, 사진이나 영화, 신문, 텔레비전 같은 미디어는 발전의 일로(一路)를 걸어온 대중 문화를 만들어 냈다. 대중이 문화에 참가하기 위해서는 <아우라로부터의 해방>이 필요했던 것이다. 근접하기 어려웠던 것은 가까운 곳으로 이끌려 와서, 누구라도 손이 닿을 수 있는 것이 되지 않으면 안 된다. 기술에 따른 거리의 폐기는 사람들 사이에 있는, 사회적 거리의 폐기와 나란한 것이다. 지각의 변용은 「평등에 대한 감각」과 손을 잡고 나아간다. 이런 의미에서 기술은 정치적인 것이며, 미디어의 속도는 「민주주의」에 꼭 맞는 것이다. 사물이 역사적 기원에서 유래하는 아우라로부터 분리되어, 사람들 사이에 있는 「권위」-거리-의 장벽은 타파되지 않으면 안 된다.

대중이 오락으로서 영화와 친숙해지고, 회화의 복제품을 손에 넣고, 신문이나 라디오의 정보에 접해 간다. 이렇게 해서 테크놀로지의 진전과 함께 일어나는, 고급 예술로부터 대중 문화의 지각 변동을 벤야민은 바르게 예견한 것이다. 「정신과 눈과 손」

이 협조를 도모하는 수공업적 속도가 기억의 폐허에 파묻혀 버리는 듯한, 고속 사회의 도래.

　벤야민이 예견한 미디어의 테러는 오늘날에 이르기까지, 그 지배력을 느슨하게 하는 것이 아니라 점점 더 마음대로 지배하고 있다. 정보는 넘쳐흐를 정도로 주변에 범람하고, 거의 모든 것이 신변에서 가까운 일로 끌어당겨지고 있다. 혁명이나 전쟁도 텔레비전의 리얼 타임 보도로 보고 듣는 우리는, 이미「먼」것을 다 잃어버렸다고 말해도 과언이 아닐 것이다. 거의 모든 것이 즉각 미디어에 의해 보도되고 해설되는 현재, 이제 더 이상 사건과 정보 사이에 명료한 구별을 짓는 것은 의미를 갖지 않는다.「경험의 붕괴」는 또다시 새로운 바닥 장세에 도달했다고 말해야 할 것인가.

　같은 물음을 이렇게 바꿀 수 있을지 모르겠다.「도대체 뭐가 <리얼>한 것일까?」이렇게 말하는 것도 벤야민이 현재 진행되고 있는 지각(知覺) 변화의 방향성을 가리켜서 다음과 같이 말하고 있기 때문이다.「리얼리티의 조준을 대중에게 맞추고, 또 반대로 대중을 리얼리티의 조준에 맞추는 것」이라고. 여기에서 말하는 리얼리티란 테크놀로지에 의해 한정되고, 테크놀로지에 의해 변용을 받아가며, 그러면서 단순한 기술 결정론으로 환원될 수 없는, 어떤 공통된 경험 세계의 윤곽을 가리킨다. 확실한 것은 미디어와 함께 이 경험 세계의 윤곽이 크게 흔들리고 있다는 것이며, 리얼리티라는 것이 모조리 그 감촉을 바꾸고 있는 것일 것이다. 오히려 벤야민은 이러한 세계의「불확실함」을 두드러지게 하기 위해서「확실한」것의 감촉을 기억 속에서 찾고, 그것에 아우라라는 표현을 적용시켰는지도 모른다.

리얼리티의 불확실함. 우리는 거듭된 전자 미디어의 발전과 함께 다시금 이 불확실함에 노출되어 있다. 한편, 버추얼 리얼리티(virtual reality, 가상 현실―역자)라는 말이 언급되기 시작한 지 이미 오래되었고, 그 한편으로 정신과 영혼에 대해 예전에 없던 관심이 높아지고 있다. 하이테크 환경에 살고 있는 우리는 「정신」과 「눈」과 「손」의 불협화(不協和)에 노출되어 있는 것이다. 그저 「멀다」는 것을 무화(無化)시켜 가는 미디어 속도의 테러를 추종한 나머지, 우주에서 자신이 차지하고 있는 장소를 모르게 된 것처럼.

이렇게 미디어에 의해 흔들리고 있는 불확실한 세계 속에서, 그 불확실함을 한층 두드러지게 하는 장치가 있다. 그것은 벤야민 시대에 이미 있었고, 확실하게 이러한 테러를 행사하고 있던 것이다. 전화라는 미디어가 바로 그것이다.

[2] 여자처럼 경박한

퍼스널

텔레비전을 비롯한 시청각 미디어는 불특정 다수를 상대로 한 매스 미디어다. 이것에 비해 전화는 당신과 나를 연결하는 통로로서, 개인적인 미디어인 것이다. 어느 것이나 전자 기술의 속도에 의해 거리를 폐기하는 점에서는 같지만, 전화는 텔레비전에는 없는 친밀성을 갖추고 있다.『미디어로서의 전화』는 19세기에 속도의 혁명을 가져다 준 「철도」와 비교하면서, 전화 미디어의 성격을 다음과 같이 적확하게 말하고 있다. 「철도는 하나의 차량으로 동시에 많은 사람들을 같은 장소에 실어다 주는 <매스 미디어>다. 동승자라는 <대중>을 낳는 점에서, 철도는 통신 미디어로서 텔레비전이나 라디오와 닮았다…. 또 한편, 전화는 항상 개개의 인간-통상 두 사람-이 하고 싶을 때, 자신들의 형편에 따라 사용할 수 있는 <퍼스널 미디어>인 것이다.」

 이 개인 미디어로서 전화는 매스 미디어보다도 더 우리 경험 세계의 질적인 면에 큰 변용을 가져오고, 일상 세계의 리얼리티를 우리가 알아차리지 못하는 순간에 변화시켜 간다. 친밀함과 가까움, 이것이야말로 전화라는 미디어가 가져온 메시지가 아닐 수 없다. 다카하시 유지(高橋悠治, 1938년생, 작곡가, 피아니스트 겸 지휘자-역자)와 사카모토 류이치(坂本龍一, 1952년생, 작곡가 겸 피아니스트-역자)가 리얼 타임으로 주고받은, 네 번의 긴 전화를 텍스트화한 『긴 전화(長電話)』는 이러한 전화의 메시지를 훌륭하게 말하고 있어서 흥미롭다. 사카모토가 다카하시를 불러내는 제일성(第一聲)은 다음과 같이 시작되고 있다.

류이치 : 아, 여보세요.
유지 : 네, 네-.
류이치 : 에-, 침대에서 편안히 쉬었습니다.
유지 : 네?
류이치 :「침대에서 편안히 쉬었습니다」라는 것이 순서라고 생각해서.
유지 : 헤헤헤. 대체로 전화하는 것을 좋아하는 건가?
류이치 : 글쎄…, 취하면 좋아하게 돼. 여러 곳에 전화하고 싶어져.
유지 : 아, 그래? 누구한테?

류이치 : 에-, 두루두루. 옛날에 사귀었던 여자라든가….
유지 : 제정신일 때에는 하지 않는군.
류이치 : 그다지 하지 않아.

「침대 위에서 쉬었습니다.」 통화가 된 순간 사카모토 류이치가 입 밖에 낸 이 말은,『긴 전화』라는 책의 의도 전부를 가리키는 메타 메시지처럼 들린다. 편안하게 이야기하는 것. 활자 문화의「위의(威儀)를 갖춘」자세에 대한 시청각 문화의「장황함」을 스스로 이야기하기 시작하고 있다. 맥루한이 말한 대로 두서 없이, 그리고 아무렇지도 않게 모든 감각이 참가하는「편안함」이야말로 소리 문화의 특성이다. 전자 기술 문화는「산만한 편안함」의 감각을 증대시키고, 가속화시켜 가는 것이다.

그리고 이「편안함」을 생생하게 말하고 있는 것이 전화가 놓여 있는 위치다. 즉,「침대 가까이」. 전화는 그야말로 퍼스널한 나의 연장(延長)으로서 거기에 있다. 공공적(公共的)인 얼굴을 벗기고, 친밀권(親密圈)에 들어박혀 있는 <나>에게 가장 잘 어울리는 위치에. 이『긴 전화(長電話)』가 나온 것은 1984년이지만, 한 집에 한 대에서 한 명에 한 대로, 거기에서 휴대 전화로, 오로지 개인화되어 가는 전화의 행방을 선취한 시도라고 말해야 할 것이다. 사실 류(龍)-유(悠)라고 서로 임의롭게 부르는 두 사람이 침대에서 서로 긴 전화를 하는 광경은 워드 프로세서에서 개인용 컴퓨터까지, <나>의 개인 공간화와 병행해서 개인적인 미디어가 비약적인 보급을 이룬 90년대의 광경에 잘 어울리고 있다.

그러나 그렇다 치더라도 왜 마주보고 하는 대화가 아니라 전화인 것인가? 대답은 당연히 전화 쪽이 보다「친밀」하기 때문이다. 두 사람은 전화만이 갖고 있는 친밀성을 경험하고, 실험하고 있는 것이다. 이런 연유로 두 사람의 첫 대화는 자신들의 시도 자체에 대해 이야기하는 것으로, 서로 「편안히」 있다는 것을 확인하고 있는 것이다.

재미있는 것은, 그렇게 해서 평소 자신들의 전화 경험을 이야기하면서 전화론(電話論)에까지 이르고 있는, 다카하시 유지의 다음과 같은 말이다. 「그래서… 지금 뭔가, 함께 살아 버리면 말이지, 역시 전화할 수 없다는 것이 좀….」 다카하시는 결혼해서 불편한 것은 이전처럼 전화로 이야기할 수 없다는 것이다. 결국 전화는 사랑하는 상대와 함께 사는 것 이상으로 「친밀」한 것이다.

아니, 그래서 말이지, 그 얼굴을 마주하고 지껄인다는 것은 말이야, 일상에서 뭔가를 먹으면서라든가, 뭔가를 하면서라든가 하는, 그런 것의 일부잖아. 그러나 전화하고 있다는 것은 다른 데를 향해서 지껄이고 있는 것은 아니지. 더욱이 이런 식으로 모니터되고 있는 것은 별개지만, 에헤헤―. 보통은 상대를 독차지하고 있기 때문에 매우 프라이비트(private, 사적인)한 상황이라고 생각해. 그래서 함께 사는 것 이상으로 훨씬 더 프라이비트한 것이지 않을까.

전화할 때에 정말 사람은 서로 상대를 독점한다. 전화하는 두 사람은 밀실에서 <단둘만이> 되는 것이다. 전화로 얘기하는 것은 배타적인 접촉을 경험하는 것에 다름이 아니다. 이것을 달리 말하면, 사람이 전화로 뭘 말하는지, 그 이야기의 「내용」은 중요하지 않다는 것이다. 거기서 주고받는 말은 두서없고, 장황하고, 실없는 말에 지나지 않는다. 사실 다카하시 유지와 사카모토 류이치의 『긴 전화』가 독자에게 주는 흥미는, 거기서 이야기되는 내용은 아니다. 독자가 관심을 갖는 것은 제목이 말하는 대로 결국 두 사람의 친밀성이고, 그 친밀성을 가져오는 전화라는 미디어의 메시지-형식-인 것이다.

그리고 그 메시지는 동시에 마사지이기도 하다. 미디어는 마사지라는 맥루한의 말을 전화만큼 생생히 느낄 수 있게 해 주는 것은 없을 것이다. 전화가 뭔가 용건의 전달을 위한 장치인 이상, 상대와 접촉하여 상대를 「느끼기」 위한 장치인 것이다. 마치 침대 위에 있는 두 사람처럼. 전화선에 밀폐된 두 사람은 「함께 사는 것」 이상으로 농밀한 시간을 같이 보내고, 함께 느낀다. 사람은 거기에서 공공(公共)적인 얼굴을 벗어 던지고, 자신의 내밀한 부분을 말한다. 그것도 장황하고 두서 없이 지루할 만큼. 마치 「여자들의」 긴 전화처럼.

그렇다 하더라도 사카모토와 다카하시라는 두 남성이 「여성과 같은」 긴 전화를 하고 있는 것은 실로 상징적인 것이 아닐까. 물론 그것이 두 사람이 친한 친구간이기 때문임에는 틀림없다. 그러나 이렇게도 말할 수 있지 않을까. 두 사람이 여자처럼 긴 통화를 주고받을 수 있는 것은, 원래 전화 자체가 「여자 같은」 미디어이기 때문이라고. 장황함이나 두서없음이나, 전화 특유의 퍼스널한 친밀성은 지극히 여성적인 것이다. 사람은 거기서 용건뿐 아니라 「기분」을 이야기하고, 「마음」을 이야기한다. 요컨대 「수다」를 떠는 것이다. 이 수다 전화로, 사람이 말하는 「특별히 볼일이 있는 것은 아니지만 목소리가 듣고 싶어서」라는 말은 전화라는 미디어의 메타 메시지를 웅변으로 말하고 있는 것이 아닐까.

얼굴 없는 목소리

전화의 친밀성은 이제까지 몇 번이나 언급한 것처럼, 소리의 내밀성과 깊은 관계가 있다. 목소리란 나의 몸 속 깊숙한 곳 그 자체다. 그렇지만 전화가 전달하는 것은 살아 있는 인간의 목소리를 전파로 「복제」한 것이다. 텔레비전의 경우, 화면에서 들리는 소리가 복제에 지나지 않는다는 것은 누구나 다 알고 있다. 그런데 전화는 그 밀실성에 의해 마치 그 소리가 육성인 듯한 착각을 일으킨다. 그렇지만 전화 소리는 사실 신체와는 거리가 먼 소리일 터다. 예전의 문자 문화와 비교할 때, 전자공학의 소리 문화는 분명히 「편안함」과 「가까움」을 낳는다. 그렇지만 이것은 어디까지나 「이차적인 소리의 문화」(J. 옹)에 지나지 않는 것이다. 복제된 소리는 어디까지나 나의 신체 「밖」에 있어서, 거기에는 전자의 빛만큼이나 극도로 얇은, 보이지 않는 거리가 개재되어 있다.

신체와 소리 사이에 개재된 이 거리는, 말하는 행위에 일종의 「가벼움」의 감각을 갖고 온다. 나는 나의 내면을 이야기하면서 나의 밖에 있어서, 심각하기보다는 오히려 경박하게 있을 수 있다. 전화가 갖가지 장난들을 불러모으고, 게임과 같은 성격을 갖는 것은 이 경박함 때문이다. 나는 거기서 자신의 내면-목소리-을 드러내면서, 더구나 자신의 바깥-복제된 목소리-에도 있을 수 있다. 전화란 이 양의적인 경계선을 더듬어 가는 라인이다. 미묘하게 「가벼운」 이 라인은, 그 때문에 복수(複數)의 목소리의 플레이를 허용한다. 「다이얼 Q2」(일본 전화 회사의 정보 서비스-역자)의 파티 라인이나, 하루에 20만 건이 넘는다는

「전언 다이얼」(전화 정보 서비스의 하나—역자) 현상 같은 것은 이처럼 전화라는 미디어가 갖는 경박함을 현재화시키는 것이라고 말할 수 있을 것이다.

그리고 이와 같은 유희적 소리의 커뮤니케이션은, 그것 이상으로 전화 커뮤니케이션이 「얼굴 없는」 커뮤니케이션이라는 익명성의 커다란 힘에 의지하고 있는 것이다. 소리의 플레이를 즐기는 나는 「여기 있는」 내가 아니라, 그야말로 「이차적인 소리뿐」인 나일 수가 있는 것이다. 얼굴을 갖지 않은, 익명의 나는 거기서 일체의 사회적 얼굴로부터 해방되어 있다. 아니, 이렇게 말하는 것 자체가 군소리라고 해야 할 것이다. 왜냐하면 「얼굴」이란 반드시 사회적인 얼굴일 수밖에 없기 때문이다. 전화라는, 얼굴 없는 커뮤니케이션은 커뮤니케이션에서 얼굴을 소거함으로써 갖가지 사회적 <규제>를 해제하는 것이다.

이런 의미에 있어서도 전화 미디어는 사회에 테러를 행사한다. 얼굴이 있는 커뮤니케이션에 항상 따라붙는 상하 관계, 수직적인 신분 구조에 대해 전화는 어디까지나 수평의 힘을 행사해 간다. 다시 『미디어로서의 전화』를 인용해 보자. 같은 전자 기술 문화 속에서도 텔레비전이나 라디오와 비교했을 때, 얼마나 전화가 수평적인 네트워크인가. 동서(同書)에서는 다음과 같이 말하고 있다.

> 텔레비전이나 라디오의 네트워크에는 「중심」이나 「상하」라는 계층적 구조가 존재하고 있다. 프로그램을 보는 시청자들은 이처럼 중심화되고 상하로 계층화된 나무 형태 네트워크의 가장 아래에, 거대한 대중으로서 매달려 있는 것이다.
> 그것에 비해 전화는, 보통의 통화에 있어서는 어떤 「중심」도, 「위」도, 「아래」도 만들어 내지 않는다. … 전화라는 미디어가

사회에 가져오는, 새로운 관계의 척도란 거대하고 계층화된 회선망이 그것에 의해 가려지는 공간 속에서 가능하게 하는, 끝없는 일 대 일의 관계인 것이다.

얼굴 없는 「일대일」의 소리 커뮤니케이션은 「중심」이나 「상하」를 해체시키면서, 사회의 신분 구조에 테러를 감행해 간다. 그것도 테러라고 말하기에는 너무나도 가볍고, 편안하고, 무책임하게. 말하자면, 전화는 「여자와 같이」 무책임한 것이다. 이 무책임하고 가벼운 소리의, 힘이라고도 말할 수 없는 힘이 위의(威儀)를 갖춘, 활자 문화의 <권위>를 조금씩 무너뜨려 간다. 이 가벼움의 테러에는 대항할 힘을 가질 수가 없다. 이런 의미에서, 정말 그것은 「어떻게 해 볼 도리 없는」 미디어인 것이다. 스즈무라 가즈나리(鈴村和成, 1944년생, 불문학자, 요코하마시립대 교수-역자)의 『텔레폰』은 전화라는 미디어의, 이런 경박함을 다음과 같이 표현하고 있다.

전화 공간에서 외부는 상실되어 있다.
거기에서는 완전한 일 대 일의 관계가 유지되고 있어서, 이 일 대 일의 대응 공간을 <밖>에서 판가름하는 제3자가 결여되어 있다. 이 잃어버린 제3자를 <로고스[부(父)]>라고 부르자.
전화가 아녀자, 혹은 <여자아이>의 미디어인 것도 이 때문이다. 바꿔 말하면, 전화가 무의식적으로, 시대의 무의식으로서 아녀자 시대를 준비했다는 것이다.

전화라는 미디어가 이렇게 「경박한」 힘을 계속 발휘하면서 수직적인 사회 구조성을 무화시켜 가고 있는 추세는 소비 사회의 진전과 함께, 소위 미디어가 승리를 제창했던 추세와 궤도를 같이한 현상일 것이다. 쾌락 가치가 달성 가치를 능가하고, 「예쁘고」「귀여운」것이 인기 있는 「여성의 시대」의 도래와 전자 기술 문화의 융성 간에는 서로 일맥상통하는 흐름이 내재되어 있다. 이 커다란 경험 세계의 변용 속에 전화라는 미디어는, 그 수평성 때문에 가장 급진적으로 사회의 수직적 구조를 흔들어 놓는 것이다.

오로지 현재

전화가 행사하는 테러의 힘은 시간이라는 영역에 있어서도 분명하다. 전화는 순간적으로 먼 곳과 가까운 곳을 잇는다. 그 속도에 대해서는 이미 앞에서 언급했다. 그러나 전화가 가져다 준 시간 감각의 변용은, 단지 속도라는 표현만으로는 파악할 수 없는 부분이 있다. 왜냐하면 전화는 언제라도 「끊을 수 있는」 것이기 때문이다. 분명히 전화는 리얼 타임의 소리의 송신이며 수신인 것이다. 그러나 사람이 전화로 소비하고 있는 시간은 정말로 리얼한 시간인 것일까? 혹시나 꿈속의 시간은 아닐까, 당신과 내가 주고받는 통화 중의 시간은?

전화는 언제 어느 때에 걸려 올 지 모른다. 전화벨은 돌연한 침입자를 알리는 신호다. 나는 하고 있던 일을 「중단」하고 전화를 받는다. 「여보세요, 아— 당신.」 전화를 건 사람은 바로 당신이었다. 나는 하고 있던 일을 잊고 전화에 열중하게 된다. 멀리 떨어져 있는 당신과 나는 갑자기 하나로 결합되어 잠시 이 세상을 떠나, 「귀에만 열려 있는 암흑」 세계의 사람이 된다. 프루스트가 말했던 <영혼> 세계의 사람이 되는 것이다. 「그럼 건강하게 잘 지내, 안녕!」하고 전화를 끊는다. 나는 다시 하던 일을 계속한다. 그리고 또다시 전화벨이 울린다. 나는 수화기를 든다.「여보세요….」

　전화는 끊임없는「중단」을 시간 속에 삽입해 온다. 그것도 리얼 타임의 한가운데서. 그럴 때마다 나는 수화기 저편에서 들리는 먼 목소리와 하나가 되어 잠시 현실을 잊어버린다. 왜냐하면 통화 중에 나는 또 하나의 현실을 살아가기 때문이다. 거리를 없애 버린, 이상한 가까움으로 두 사람이 하나로 연결되는 농밀한 현실을. 전화가 만들어 낸 또 하나의 시간은 끊임없는 중단과 갱신이라는 시제(時制)를 취하고 있다. 당신과 이야기하는 동안, 나는 꿈속에서 현실을「다른 곳」으로 돌려 놓고는 다시 현실로 돌아간다. 다시 한번「다른 곳」으로 나가려고 생각하면 나는 다시 수화기를 집어들고 다시 한번 처음부터 시작하지 않으면 안 된다.「여보세요, 나…」,「아아, 너.」이렇게 해서 서로 이름을 댈 때까지 상대는 언제나 모르는 사람이고, 당신과 내 소리의 플라토닉 러브의 시간은 전화를 끊을 때마다 단번에 끝나 버린다. 목소리뿐인 사랑의 시간은 실제로 만나서 보낼 때와 같은 지속성도, 굴곡도 없다. 간헐적이고 디지털적인 시간일 수밖에 없다. 요컨대 전화 시간의 시제는 불연속일 수밖에 없는 것이다. 바꿔 말하면, 전화는 항상「현재」로 밖에 있을 수 없는 것이다. 그것은 선행(先行)하는 과거도 후속(後續)하는 미래도 없는 채「현재」속에, 공중에 매달려 있는 에어 포켓의 시간인 셈이다. 그 현재는 선적(線的)인 시간의 진행을 갑작스레 잘라 버리고, 단편화시켜 간다. 그것은 끊임없이 갱신되는「지금」일 뿐인 것이다. 마치 패션의 시간처럼. 그렇게 전화의 시간은 시제의 그것처럼 현재 시간에 대해 불성실하게 작용하는 것이다. 「무(無)의 시간」인 그것은 시제와 같이 맥락이 없는, <지금>의 자의적인 단편을 무수히 만들어 내 간다. 전화를 걸 때마다 우리는 이 무(無)의 시간 속으로 운반되어 가는 것이다. 축적도 지속도 없이, 오직 수평적인 현재일 수밖에 없는 시간 속으로.

 이러한 전화라는 미디어의 시간은, 전화뿐만이 아닌 일렉트로닉스 문화 전체가 시시각각 새기고 있는 시간이기도 하다. 예를 들면, 텔레비전이 전형적인 경우일 것이다. 『텔레비전은 단지 현재에 지나지 않는다』라는 책이 있는데, 이 제목은 텔레비전 문화가 만들어 내는 시간 감각을 훌륭하게 전해 주고 있다고 말할 수 있다. 모든 사건이 오로지 현재로 부상했다가, 다음 순간에는 이미 사라져 버린다. 보통의 현재. 전화하는 시간 또한 텔레비전과 같은 시제로 이루어져 있다. 그런데도 전화는 용건의 전달이라는 「실질적」인 얼굴을 갖추고 있기 때문에, 텔레비전 같은 경박함을 간과하기 쉬운 것이다. 하지만 텔레비전에 대해 말할 수 있는 것과 같은 것을 전화의 경우에도 말할 수 있을 터다. 「전화는 단지 현재에 지나지 않는다」라고.

 단지 현재에 지나지 않는 전화는 이렇게 어설프게 성실한 시간 질서의 의표를 찌른다. 전화벨이 울릴 때, 축적도 계획도 모르는 「무(無)의 시간」이 지나쳐 가는 것이다. 그것은 오로지 가볍고, 아무렇지도 않게 일상에 짜 넣어져 있으면서, 아무렇지도 않은 얼굴로 세계의 질서를 조금씩 무화(無化)해 간다. 그 수평적인 힘은 모든 수직적 구조성을 무너뜨리고, 현실의 한가운데에 또 하나의 불가사의한 세계를 출현시킨다. 확실히 전화는 프루스트가 말한 대로, 「마법의 장치」인 것이다.

[3] 소리의 유토피아

전화의 절대 민주주의

전화라는 미디어가 열어 놓은 마계(魔界)는 물론 눈에는 보이지 않는다. 문자 그대로, 그것은 귀에만 열린 <유토피아>인 것이다. 전화벨이 울릴 때마다 우리는 잠시 현실을 벗어나 유토피아 속의 사람이 되는 것이다. 오로지 개인적인 경향을 걸어 오고, 휴대 전화의 보급과 함께 전화가 문자 그대로 한 사람 한 사람의 「제3의 피부」라고 부를 수 있을 정도로 <나>에게 밀착된 현대, 전화가 본래 갖추고 있던 이 유토피아적 성격을 새롭게-그렇다기보다 이제 겨우-따져 보고 있는 것처럼 생각된다. 거리를 폐기하고 먼 곳과 가까운 곳을 연결하는 전화는, 현실이라 불리고 있는 세계의 확실함을 흔들고 있는 것이다. 아득히 먼 것을 압살하는 전화는 세계 질서를 위협한다.

고바야시 교우지(小林恭二)의 소설 『전화 받는 남자(電話男)』는 이런 의미에서, 전화의 유토피아론으로 읽어 보면 흥미롭다. 프루스트가 훌륭하게 환기(喚起)시킨, 전화의 「신성한 힘」을 사회 현상으로 그린 단편 소설이다. 언제부터인가 세상에 전화하는 남자라는 존재가 출현한다고 한다. 그들은 오직 걸려 오는 전화만을 기다리고 있다가, 철저하게 상대의 이야기를 듣는 역할만 한다. 직업이라고 말하기에는 영리와 결부되지 않고, 또 취미라고 하기에는 너무나 많은 힘과 에너지를 필요로 하는 그 일을 기꺼이 떠맡고 있는 남자를 그리면서, 이 소설이 떠올리고 있는 것은 전화의 유토피아 세계다.

화자인 전화 받는 남자는 자신의 존재를, 예를 들면 다음과 같이 표현한다.「나의 실감으로 말하면, 전화 받는 남자라는 역할은 '전화 받는 남자'를 매개로 한(주의해 주세요. '전화기를 매개로 한'이 아닙니다), 통화하는 이들의 무의식의 교류 시스템이 아닌가 생각됩니다.」이「전화 받는 남자」라는 설정은 전화 커뮤니케이션을 일상적으로 만들어 내고 있으면서도, 그것으로 자각되지 않는 무의식적 비현실 세계를 클로즈업시켜 간다. 전화 받는 남자에게 전화를 거는 통화자들은 공적인 얼굴을 일체 벗어 던지고 친밀한 <나>를 말한다. 샐러리맨이든 혹은 학생이든, 통화자들은 전화 받는 남자를 상대로 할 때에 사회라는「규제」로부터 자유로워지는 것이다.

예를 들어, 통화자 중 한 사람인, 30대 중반 샐러리맨인 A씨는 자신에게 있어서 전화 받는 남자를 이렇게 말하고 있다.

결혼하기 훨씬 전부터,
어머니처럼 친하고,
아버지처럼 의지하고,
애인처럼 뭐든지 털어놓고 얘기하고,
친구처럼 즐거움을 함께 나눈,
전화 받는 남자….

혹은 고교생 정도 나이의 소녀. 소녀는 어느 날 스스로 마음 먹고 전화 받는 남자가 된 아버지에게 전화를 걸어 온다. 학교에서 있었던 일, 친구와의 일, 가정에서의 일, 있는 일, 없는 일을 죄다 지칠 줄 모르고 이야기한다. 소녀는「아버지를 대하는 것이 아니라」, 마치「마음속의 또 다른 자신을 대하는 것처럼」이야기하는 것이다. 분명히 전화에서 지껄이는 것은 사회적 역할로부터 분리되어 규제 밖에 나온 나를 끌어내어, 그 나를 허용하는 치료법과 같은 효과를 발휘한다. 통화자는 얼굴이 보이지 않는 소리를 통해 규칙에서 몰래 빠져나가, 또 다른 세계에 자신을 해방시킨다. 중요한 것은 무엇을 말할 것인가가 아니다. 전화선 저쪽에서 자신에게 접촉해 오는 「목소리」가 있고, 들어주는 「귀」가 있다는 것이다. 그것을 통해 그들은 이 세상의 질서에서 벗어나 「귀에게만 열려 있는」, 보이지 않는 우주에 연결되어 간다. 그 우주에 안긴 일체감이야말로 『전화 받는 남자』가 이야기하는 유토피아인 것이다.

얼굴이 보이지 않는 공동체, 아니, 그것은 얼굴이 보이지 않는 공동체라기보다 더 나아가 적극적으로 얼굴을 소거해 버리는 공동체라고 말해야 할 것이다. 얼굴 대 얼굴의 대면은 사람들 사이에 사회적 역학 관계를 가져온다. 그리고 어떤 형태의 「거리」를 만들어 역학 관계를 도입하게 된다. 전화 받는 남자들은 이 역학 관계를 무효화시키고, 거리를 완전히 없애는 것이다. 전화의 네트워크는 만일 이렇게 말해도 좋다면, 모든 「초자아」(超自我)를 해체시켜 버리는 것이다. 모든 권위를 부정하는 전화의 아나키즘, 이것이 이 소설에서 또 하나의 핵심이 되어 있다. 사실 프리메이슨과도 닮은, 전화 받는 남자의 존재는 갖가지 소문을 불러일으키고, 사회적인 비난 공격을 받게 된다. 이런 설정에 의해 이 소설은 전화라는 커뮤니케이션의 아나키즘을 두드러지게 하고 있는 것이다. 작중에서 화자인, 전화 받는 남자가 자신의 신조로도 해석되는 말을 하는 부분이 있다.

정말로,
불행한 것이.

현대에 있어서 커뮤니케이션은 일종의 전쟁과도 같은,
요컨대 어떻게 해야 상대의 우위에 설까 하는, 언어에 의한 꼬투리 잡기 싸움과도 같은,
슬픈 양상을 보이고 있습니다.
이 전쟁은 원폭보다 무서운 것입니다.
원폭은 관념적인 공포지만, 이것은 현실적인 공포입니다.
우리는 더욱 자유롭고 평등한 커뮤니케이션을 갖는 것이 가능할 터입니다.

그리고,
그것을 위한,
가장 효과적인 해결 방법은 전화기라는 가면을 통해 커뮤니케이션을 취하는 것이 아닐까요?
전화기 앞에서는 누구나 평등합니다.
누구라도 전화기에 대해 특권을 가질 수는 없습니다.
전화기는 누구의 말이든 똑같이 전달합니다.
전화기는 누구에게나 똑같이 수화기를 들고, 다이얼을 돌릴 것을 요구합니다.
전화기는 모든 개별적인 권위, 명예라는 것을 전달하려 하지 않습니다.
전화기가 전달하는, 최대한 개인적인 것은 목소리지만, 그것조차 고음부와 저음부를 지워 버려 무개성한 것에 가깝습니다.

전화기야말로 인류의 절대적인 평등을 실현하는 가면인 것입니다.

소설은 전화 받는 남자들의, 혹은 통화자들의 「거류지」를 좌절시킴으로써 이 신조에 아이러니컬한 거리를 두고 있는데, 이로 인해 오히려 두드러진 것은 전화 공동체의 유토피아성보다는 현실을 흔드는, 아나키한 부식 작용이다. 전화만의 커뮤니케이

션은 사람에게서 「장소」를 빼앗고, 「지위」를 빼앗는다. 아니, 사람을 그러한 장소와 지위로부터 해방시키는 것이다. 전화 커뮤니케이션의 직접성과 거리 없음은 사회의 피라미드형 질서를 붕괴시키지 않을 수 없는 것이다. 정말 전화는 사람을, 이른바 장소에서 떼어 내어 「절대 평등」한 커뮤니케이션을 실현시켜 버린다. 전화로 이야기할 때에 딸의 「아버지」는 더 이상 「아버지」가 아니라, 딸에게 있어서 여러 사람 중 하나일 뿐이다. 전화로 모든 「개별적인 권위, 명예」에 테러를 저지른다. 그것은 사회적인 얼굴의 약속으로부터 사람들을 해방시키고, 뭔가 심원(深遠)한 것을 뿌리째 뽑는, 몰살의 천사인 것이다.

전화의 커뮤니케이션은 사회적인 얼굴이 만드는 질서 – 거리의 배치 – 를 무너뜨려, 우리의 무의식에 와 닿는다. 그것도 눈 깜짝할 사이의 스피드로. 한순간에 우리는 서로 연결된 존재가 된다. 한순간에 우리는 사회적인 질서에서 이탈한다. 『전화 받는 남자』의 속편인 『순애전(純愛伝)』은 어느 날부터 「전화 받는 남자」가 된 아내를 이해해 가는 남자에 대한 이야기로, 이 「이탈(離脫)의 유토피아」를 부각시키고 있다. 아내를 이해해 가면서 주인공 남자는 점점 사회인이란 위치를 그만두게 되어 간다.

「나에게 있어서 아내와의 생활은 시작도 끝도 없는 영원 그 자체였습니다.」
「나는 아내와 똑같이 하루 종일을 빈둥빈둥 지내게 되었습니다. 그것은 꼭 태아의 나태함 같다고 말해도 좋겠지요.
그리고 시간에 구애받지 않고,
자고,
일어나고,

또 잤습니다.」

　모든 사회적 규칙이나 노동에서 해방되어, 전화 회선 안에서만 산다고 하는 유토피아. 그러나 여기에 그려진 세계는 더 이상 유토피아적인 것을 그만두고, 우리의 <리얼리티>를 구성하고 있는 것이 아닐까? 소설이 쓰여진 1985년의 시점에서는 아직 있을 것 같지 않은 「전화 받는 남자」의 설정은, 말하자면 그 허구성을 상실하고, 확실히 있을 법한 일상적 감성과 연속되고 있다. 멈출 줄 모르는 일렉트로닉스 미디어의 증식은 우리의 일상적 감성을 모조리 끌어넣어, 현실과 그렇지 않은 것의 고전적인 경계선을 풍화시켜 간다. 이제 곧 우리 중에 일부는 일상적으로 한 사람의 「전화 받는 남자」나 「통화자」로 살아가게 되는 것이 아닐까? 이 소설이 대단히 데자뷰(deja vu, 처음 보는 것인데도 마치 어디선가 본 적이 있는 듯한 느낌이 드는 것 - 역자)하게 생각되는 것은 이러한 이유 때문일 수밖에 없을 것이다.

아웃 오브 더 월드

　「사람들을 심층에 관여시켜 버리는 전화의 속도」는 모든 피라미드형의 권한 관계를 해체시킨다. 이미 맥루한이 말했던 것이 일상적 감성의 수준에서 구체화되고 있는 것이다. 이제 <머나먼 것>들은 우리들이 사는 세계에서 완전히 상실되어 가려 하고 있다. 전화의 속도는 「먼 것」을 압살하고, 이제 모든 것이 「가깝게」 있다. 전화의 절대 민주주의는 흔들림 없는 승리를 차지해 가고 있다 해도 과언이 아닐 것이다.

그리고 그것은 리얼리티 자체의 변용이라 해도 좋다. 「여기」와 「저기」를 동시에 만들어 내는 텔레프레젠스는 무엇인가가 일어나는 장소와 시간을 폐기시켜 버린다. <나>의 신체를 중심으로 해서 만들어진, 두께가 있는 시공감(時空感)은 초감각적인 것으로 바뀌어진다. 내가 전화를 걸 때마다 전화 회선으로 먼 곳의 사람과 하나로 연결될 때, 나는 그 두터움을 이탈해서 <밖>으로 나온다. 시공의 밖으로.

그러나 더 이상 그것을 <밖>이라 하기에는, 너무나 우리는 바깥 경험을 지나치리만큼 체험하고 있다. 예를 들어, 프루스트 시대에는 아직 그 바깥 감각이 신기하고, 그 마술이 마술로서 느껴졌다. 그러나 이제 우리는 마술이야말로 현실인 것 같은 시공을 살아가고 있는 것이다. 『미디어로서 전화』는 이런 감각의 변용을 이렇게 말하고 있다. 「전자 미디어는 장면의 경계선을 없애고, 공적인 장소와 사적인 장소의 구별을 애매하게 하며, 특정한 장소와 사회적 상황의 대응 관계를 유동화시킨다. 그 결과, 전자 미디어가 충분히 침투된 세계에서는 <장소 의식의 상실(nonsense of place)>이 가는 곳마다 발생한다. 사람들은 <몸둘 곳>을 상실하고, 사회가 전자적으로 서로 뒤섞여 가는 것이다.」

전화라는 미디어의 편재(遍在)는 <장소 의식의 상실>을 야기한다. 이제 우리는 현실과 비현실을 구분하는 정확한 경계선을 상실하고, <밖>과 <안>의 정확한 경계선을 잃어 가고 있다. 전자의 속도가 지구를 하나의 피부로 잇는다는 것은, 이제 이 지구가 어떠한 외부도 상실했다는 것이라고 말해도 무방할 것이다. 「멀리 떨어져」, 「지금 여기」에 있는 텔레프레젠스라는 현상은 정상적인 상태로 인식되고 있다. 폴 비릴리오(Paul Virilio,

1932년생, 파리건축대학 학장, 도시 계획가-역자)가 텔레비전 영상의 전송 속도에 대해서 한 다음 말은, 거리를 무화시키는 미디어의 속도 모두에 들어맞는다. 「외부 세계-여전히 이동이라는 운동을, 또 공간적인 격리의 조정을, 혹은 약간의 시간 엇갈림의 조정을 불가결한 것으로 하고 있던 직접적인 현상인 <천공(天空)>-의 종언.」

벤야민이 「경험의 붕괴」라고 말한 것이 지구의 모든 지역을 빠짐없이 덮어씌웠다고 해야 할 것인가? 「직접적인 현상인 <천공>」과 함께 있던 <머나먼 것>은 이제 어디에도 없고, 「유일하게 승리해서 남은 것은 현재 시간이라는 순간, 전기 통신에 의한 리얼한 순간뿐」이다. 이제 세계의 리얼리티는 미디어의 순간성에 의해 만들어진다고 해도 과언이 아닐 것이다. 비릴리오가 말한 대로, 정말 「세계 전체가 빠르게 <국내화>되고 있는」 것이다. 아무리 「멀리 있는 것」도 순식간에 「여기」며, 거리감을 잃어버린 우리에게 더 이상 외부란 있을 수 없다. 「귀에게만 열려진 암흑」의 세계로부터 되돌아오려고 해도, 우리는 더 이상 반드시 돌아와야 할 명확한 현실을 상실하고 있다. 마치 「없는 장소」가 모든 장소를 뒤덮어 버린 것처럼.

모든 것이 너무나도 가까운 장소, 어디나 모두 국내일 수밖에 없는 장소에서 우리는 하나로 접촉하면서, 자신들을 둘러싼, 이 새로운 <천공>을 뭐라고 불러야 할 것인지 고심하고 있다. 모든 규칙으로부터 자유로워진 아이들이 그 자유의 허전함을 두려워하는 것처럼.

소리의 은하계

제1장 미디어의 세상 이야기   1. 소리의 공동체
                            2. 왕을 죽이고 <나>를 말한다

제2장 여자들의 침묵   3. 얼굴의 담화
                            4. 소리 없는 방
                            5. 책 읽어 주는 여자

제3장 전화의 유혹   6. 사랑하는 전화
                            7. 콜걸
                            8. 소리의 유토피아

제4장 지극히 높은 곳   9. 에로스보다 더 감미로운
                            10. 밤의 소리 쪽으로
                            11. 지고성(至高性)

9. 에로스보다 더욱 감미로운

[1] 성, 이 잔혹한 것

목소리의 성

　사내가 외친다. 미칠 것 같은 사랑, 죽음에 이르는 사랑 때문에.그 광기의 목소리는 듣는 사람의 마음을 휘저어 어지럽힌다. 뒤라스의 『인디아 송』(『라홀의 부영사』라는 뒤라스의 원작을 바탕으로 뒤라스 자신이 감독하여 1974년 제작한 영화. 프랑스대사관을 배경으로 대사 부인과 세 명의 남자를 둘러싼 이야기를 내용으로 하고 있음 - 역자)에서의 그 잊기 어려운 외침.
　하지만 사내는 그와 같은 「사랑의 목소리」에 어울리지 않는 존재다. 사내는 목소리로부터 분리되어 버린 생물인 것이다. 사내는 목소리를 잃어버린다. 감미롭게 사람을 취하게 하는 저 소프라노 목소리의 태양을. 그렇기 때문에 오히려 여성의 목소리는 이렇게도 에로틱한 울림을 가득 머금고 있는지도 모른다.
　그렇다, 사내는 소프라노의 태양을 잃어버릴 운명인 것이다. 왜냐하면 사내의 육체는 변성기라는 현상을 경험하기 때문이다. 목소리에는 성별이 있고, 성의 각인이 새겨져 있다. 얼굴이 성을 말하는 것 이상으로 목소리 또한 성을 나타낸다. 우리의 육체는 <목소리의 성>이라고도 부를 수 있는 문제를 잉태하고 있는 것이다. 그리고 이 목소리의 성은 에로스보다 더욱 깊숙하고, 더욱 감미로운 영역―음악이란 영역―과 일종의 뒤틀린 관계를 맺고 있다. 이렇게 이야기를 시작하고 있는 것은 파스칼 키냐르의 『음악 레슨』이다.

17세기 루이 14세의 궁중 악사로 근무했던 음악가 마랭 마레의 생애를 더듬으면서 음악 탄생의 비밀을 이야기하는, 파스칼 키냐르의 이 텍스트는 갑자기 이렇게 이야기를 시작한다. 「사내, 그들은 음영을 띠고 있는 자, 낮은 목소리를 가진 자들이다. 자신의 목청에서 사라진, 저 작고 날카로운 목소리를 찾아서 죽을 때까지 방황하는 자들.」

남성의 육체는 변성이라는 현상을 경험한다. 생애의 어떤 때에 갑자기 그들은 소년의 목소리를 잃어버린다. 나직하고 음영을 띤 목소리, 이것은 그들이 성숙했다는 성적 표상인 것이다. 낮은 목소리는 좋든 싫든 그 육체의 성을 폭로한다. 소년에서 남성으로의 성숙은 목소리의 변화로 나타난다. 몸에 걸친 의복보다도 명료하게, 감추기 어렵게 목소리는 성을 말하고 만다. 성인이 될 운명을 부여받은 소년은 변화를 가져온 그 목소리로 인해 성적인 수치심을 맛보게 된다. 변성이 되어 갑자기 낮아진 음침한 목소리, 말하자면 그것은 「몰래 숨어서 남의 눈을 속인 채 하는 섹스와 같은, 억눌린 목소리」인 것이다. 사내는 그 목소리를 억누른다. 존재를 현기증에 휘말려들게 하는 것 같은 전율에 떨며. 생애에 오직 한 번 맛보고 아는, 이 신체―성(性)―의 크리티컬 포인트(critical point). 키냐르는 그곳에 음악의 비밀이 있다고 한다.

9. 에로스보다 더욱 감미로운 167

키냐르의 음악론이 맞고 안 맞는 것을 따지는 것이 여기서 우리의 과제는 아니다. 대담한 가설에 의해 목소리와 성의 관계에 깊숙이 파고 들어가는, 키냐르의 주장을 우선 그대로 살펴보는 것이 나의 당면한 관심이다.

변성이라고 하는 크리티컬 포인트, 이것은 정말로 크리티컬한 전환기다. 사내는 그때 잃어버리는 것이다. 소년인 자신, 저 소프라노의 태양을. 이미 그 행복한 목소리는 두 번 다시 자신의 육체에서 나오는 일이 없다. 성숙이란 상실이며, 상(喪)의 작업이며, 낙원으로부터 추방인 것이다. 유년기와 그 사이에는 결코 되돌릴 수 없는 장벽이 가로막고 있다. 변성기를 마친 낮은 목소리, 성숙한 사내의 음성, 이것은 「음침한 목소리」며, 「원초의 땅으로부터 추방된 목소리」인 것이다.

소년인 마랭 마레는 행복하게 노래하고 있었다. 그의 목청은 어린이의 목소리로 울리고 있었다. 부드럽고 정감 넘치는 밝은 목소리로.

정감 넘치는 목소리-『인디아 송』-을 아는 우리는 이야기를 하는 두 여성의, 정감적인 목소리를 떠올린다. 서로 사랑하며 부드러움 속에 잠겨 있는, 두 사람의 목소리를. 소년, 마랭은 무심히 그 무구(無垢)한 목소리를 내고 있었다. 그리고 어느 때, 그는 그 밝은 목소리를 잃어버렸다. 성숙과 함께. 어느 여름이 끝나갈 무렵, 9월 햇살의 한가운데서. 말로 다하지 못할 슬픔과 분노에 가슴이 찢어지며 마랭은 강변으로 내려간다. 키냐르의 아름다운 문장을 인용해 보자.

9월의 햇살이 비치고 있었다. 이른바 변성기의 허물을 벗은 햇살. 사라져 가는 여름의, 무겁고 성숙한 빛. 보송보송하고 맑고

싱그러우며 예리한, 저 봄의 밝음은 아니다. 그것은 황금으로 가득 찬 빛. 어떤 종류의 두터움, 혹은 아지랑이 같은 것을 갖고, 그 자체가 불그스름한 빛을 띤, 혹은 어두운 그늘을 띤 빛이다.

음침한 목소리를 내는 자, 남성이 된 마랭의 육체는 슬픔으로 갈기갈기 찢어져 있다. 그의 육체에 결코 사라질 수 없는 상처가 새겨진 것이다. 말을 할 때마다 목청을 뚫고 나오는 목소리는, 지우기 어려운 그 상처를 드러내고 만다. 잔혹한 크리티컬 포인트. 그때 소년이 체험하는 것은 바로 자아의 위기인 것이다. 「갈기갈기 찢어진 자, 그것이 나다.」 봄은 이제 돌아오지 않는다. 아침은 이제 돌아오지 않는다. 그 무구하던 때는 다시 돌아오지 않는다. 이제 두 번 다시는….

키냐르에 의하면 이때 주인공이 경험하는 위기는 지상에 태어난 모든 남자가 경험하는 위기다. 성숙의 표시인 울대뼈를 「아담의 사과」라고 부르는 것처럼, 아담의 후예는 누구 하나 이 위기를 피할 수 없다. 사내란 이 상처가 영원히 육체에 각인된 자들인 것이다. 그리고 영원한 옛날로부터.

마랭은 섬을 바라보고, 다리 밑을 흐르는 물을 바라보았다. 물은 나이를 먹지 않고, 시간의 저편으로 흘러간다. 두꺼운 빛 속을. 결코 사라지지 않는 상처, 그래서 아름답기에 거의 다 나은 상처같이. 그것은 신의 상처, 인간의 시간 앞에 있으며, 인간의 시간 뒤에 찾아오는 신의 상처다.

상처, 사내란 몸에 상처를 입은 생명체인 것이다. 음침한 목소리는 그 상처의 아픔을 드러내는 것을 그치지 않는다. 그 상처와 함께 사내는 행복한 육체라는 것을 잃는다. 무구한 빛은 이제 두 번 다시 돌아오지 않는다 사내란 일생 동안 그 행복한 목소리를 찾아 방황하는 자들에 다름이 아니다. 시원(始原)의 무구한 동산을 향한 노스탤지어. 돌아올 수 없는 기원(起源)을 찾아서 목소리는「부른다.」부르며 찾는 자, 그는 사내다. 자신이 잃어버린 목소리의 망령을 찾고 있는 자, 그도 사내다.

사내는 목소리에 버림받고 배신당한 것이다. 여자가 상처 없는 육체인 것과 대조적으로.「목소리는 여자에게는 충실하다. 남자에게는 불충실하다.」「여자는 소프라노인 채로 살다가 소프라노인 채로 죽는다. 여자의 목소리는 군림하고, 지배하는 힘이다. 죽지 않는 태양이다.」

탄식의 용기(容器)

사내는 태양을 잃어버린 음울한 자다. 치유되기 어려운, 찢어진 상처를 갖고 있는 자다. 그들은 상처같이「불안정」한 존재다. 그들의 목소리는 끊임없이 이 상처를 생각나게 하고, 끊임없는 노스탤지어로 그들을 유혹한다. 귀는 추억의 기관이며, 사내는 계속 이 추억에 가책받는 존재다. 유년기, 언어 이전의 우주의 배(腹). 우주의 태내(胎內). 상처 입은 그들의 육체는 거기에 감싸일 것을 절실히 바란다.「죽지 않는 태양」의 빛을 사랑하는 자들.

그 태양의 목소리를 내는 것은 이제 두 번 다시 그들에게는 불가능하다. 그러나 <무엇>인가를 갖추면 그것은 가능하게 된다. 그 <무엇>으로서의 도구, 그것이야말로「악기」다. 악기란 바로 도구 자체인 것이다.「저음으로부터 날카로운 고음으로의 메타모르포즈(metamorphose, 변형-역자)는 불가능하다. 적어도 육체적으로는. 그것이 가능한 것은 도구-악기-를 사용할 때 뿐이다. 그 메타모르포즈의 이름이야말로 음악인 것이다.」

여기서 파스칼 키냐르가 지극히 의식적으로「악기」를 육체의 메타포(은유)로 말하고 있는 데에 주의해 보자. 태양의 목소리를 잃고 성숙해진 마랭 마레는 베이스 비올(viol, 15~18세기에 유럽에 보급되었던 현악기의 하나. 바이올린의 전신. 소리의 높이에 따라 소프라노, 알토, 베이스, 콘트라베이스 따위로 나뉨-역자)이라는 악기를 골랐다. 그 낮은 음색은 뛰어나게 남성적인 악기다. 목소리를 잃어버린 그는 악기로 잃어버린 목소리를 찾고 있는 자, 즉 음악가의 길을 선택한 것이다. 목소리의 상실, 이것은 사내인 그에게 강제된 상처다. 사내, 그는 말끔하게 빛나던 그 원초의 낙원으로부터 추방된 자인 것이다. 그리고 사내는 이 추방을 참고 견딘다. 영원히 긴 시간 속에서. 사내란 <탄식의 용기(容器)>인 것이다.

참고 견디는 것, 오랫동안 참는 것, 지속, 이것은 사내의 영역이다. 왜냐하면 여자는 아이들과 마찬가지로 참고 견디는 것을 하지 않기 때문이다. 여자와 아이들의 시제, 그것은「현재」다. 다시 한번 키냐르의 의견을 들어 보자. 아이들은 재미없는 무위(無爲)한 시간을「따분」하다고 한다. 따분함이란 독일어로 <랑게바이레(Langeweile)>, 문자 그대로「긴 시간」이며 권태다.「지루해, 지루해」하며 기다리지 못하는 아이들은「빨리빨리」라고 말한다. 욕망의 대상과 그 향수(享受) 사이에 있는, 인내의 시간을 아이들은 참을 수가 없다.

그러나 성숙한 사내는 이 지속을 참고 견딘다.「지속이란 저항이다. 시간이란 지속하는 것, 참고 견디는 것, 포획과 저작

(詛嚼)의 간격, 매복과 포식, 욕구와 향수(享受)의 간격이다.」 음악이라는 예술은 이「간격」을 의도적으로 감수하고 조작하는 데서 태어난다. 낙원으로부터 추방된 자인 사내는 이 추방을 의지적으로 받아들이는 자이기도 하다. 그 중에서도 음악가는.

정말 음악이라는 예술은 템포를 길들이는 아트다. 음악은 시간과 함께 태어나 시간 속에서 펼쳐져 간다. 음악이란 훌륭한 시간의 예술임에 틀림없다. 「지연을 참고 견디는 것, 그것은 음악이 추구하는 것의 하나이기도 하다. 거의 욕구 불만이 생기지 않는 시간을 구성하는 것, 시간의 존재를 파악하고, 거기에 조금씩 앞뒤를 끼워 넣고, 가고 옴, 동(東)과 서(西), 소프라노와 저음, 속도와 완만함을 끼워 넣어, 욕구 불만의 고삐를 잡고, 바로 생기는 결핍을 지배 관리하여 초조감을 농락할 것..」

그것은 몸에 뒤집어쓴 운명의 불행-상처-을 역이용하여「농락할」것, 이 기술을 익히는 것이라고 바꾸어 말할 수도 있다. 추방자는 그 추방을 감수하고, 그 고뇌를 도리어 적극적으로 깊게 하여 참고 견딘다. 변성이라는 비운, 참고 견디는 시간을 역이용하여 시간의 연주자인 척하는 것. 이때 <탄식>은 음악이 된다. 탄식을 음(音)의 구성으로 전환시켜 시간 속에서 전개해 가는 아트, 이것이 음악이라는 예술이다.

마랭 마레는 이 길을 택했다. 사실, 성숙하여 소년의 목소리를 잃어버린 사내에게는 두 가지 길밖에 남아 있지 않다. 하나는 「거세(去勢)」다. 즉, 거세 가수가 되어 계속해서 태양의 목소리를 울려 퍼지게 하는 육체인 채로 있는 것이고, 다른 하나는 「변성 그 자체를 변성시키는 것, 변성 그 자체를 울려 퍼지게 하는 것」이다. 목소리를 잃어버린 탄식의 육체는 악기를 이용하여 연주가가 되고, 그리고 작곡가가 된다. 마랭 마레는 당대 굴지의 베이스 비올의 명연주가가 되어, 「모든 인간의 목소리를 연주한다」는 명곡인 『인간의 목소리』를 작곡했다. 변성의 변성. 키냐르에 의하면, 이것이야말로 음악인 것이다.

상처 입은 육체는 상처 자체를 예술 생산의 조건으로 한다. 음악, 이것은 목소리를 잃고, 「아이의 시간」을 상실한 자가 시간을 상대로 하여 전개하는 <복수>인 것이다. 이때에 노스탤지어는 작곡의 조건이 된다. 「음악에 있어서는, 시간 자체가 결코 그런 적이 없었던 노스탤지어를 갖고 있던 것같이 생각된다. 이 시간이 지속되는 동안, 시간의 상실은 견디기 어렵지 않게 되어 바람직한 것으로 모습을 바꾼다.」 참고 견디는 긴 시간은 이때에 「쾌락의 호기(好機)」로 전화(轉化)한다.

음악이라는 아트, 정말 이것은 「긴 인내의 시간-권태-을 운명의 호기(好機)로 바꾸는」 것이다. 「그것은 향수(享受)하는 권태-긴 시간-인 것이다.」 이렇게 해서 불행 속에서, 불행의 감수와 인내 속에서 음악이라는 예술이 나타난다. 음악은 봄의 밝음 속에서 태어나지 않고, 사라져 가는 여름의 성숙한 빛, 그 자체가 변성인 두꺼운 빛 속에서만 나타난다…. 처음에 상처가 있고 고뇌가 있다. 처음에 죽음이 있다. 사내라는 비탄의 용기, 음악은 그들 손에 의한 예술이다. 음악이란 그들의 「탄식」의 소리인 것이다. 「그것 말고는 어쩔 수도 없는 것이다. 인간의 고뇌는 음악과 결부되어 있다. 왜냐하면 인간의 고뇌는 시간 속에서 울리고, 사내의 목소리 속에서 울려 퍼지기 때문이다. … 탄식과 음악. 탄식이란 외침의 변성이다. 음악이란 변성의 변성인 것이다.」

탄식이 음악을 만들어 낸다. 상처받은 자의 외침, 상실의 외침으로부터 음악이 탄생한다. 단, 한 가지 조건 밑에서. 한 가지 조건, 그것은 「악기」다. 자신의 육체로는 낼 수 없는 소리를 악기는 연주할 수 있다. 저음에서 고음으로 메타모르포제를 가능하게 하는 것, 그것이 악기다. 메타모르포제. 앞서 언급한 것처럼 파스칼 키냐르가 악기를 육체의 메타포로 말했던 것을 상기하자. 틀림없이 악기란 사내—음악가—에게 있어서 도구며, 또 하나의 육체가 아닐 수 없다. 사내란 <도구>를 사용하는 자들인 것이다. 자신이 잃어버린, 달콤한 꿀 같은 소리를 내는 도구를. 마랭 마레가 선택한 것은 베이스 비올, 즉 현악기였다. 그 악기의 「배(腹)」는 상처 입은 그의 육체를 감싸 주는 것이다. 우주의 배, 변성이라는 「제2의 탄생」을 위한 배며, 거기에 감싸여 상처를 치유하기 위한, 위로의 배이기도 한 것. 도구이기 때문에 죽어 있는 관이며, 동시에 그의 손에 의해 연주되어질 때에 살아 있는 소리—음악—를 울려 퍼지게 하는 위로의 도구이기도 한 것. 그의 메타모르포제에 있어 불가결한 도구.

하지만 그 악기는 쉬지 않고 자신의 탄식을 상기시키는 것이기도 하다. 이미 그 자신의 육체가 낼 수 없는, 저 태양의 목소리의 「부재」를 악기는 말하고 있는 것이기 때문에. 악기를 사용한다는 것, 그것은 언제나 항상 상실을 상기하는 것, 그 탄식과 상처를 상기하는 것이다. 위로의 도구인 악기는 결코 위로해 줄 수 없는 것이기도 하다. 분명히 키냐르가 말한 것처럼, 악기란 잃어버린 목소리를 「부르는」 것이다.

악기는 잃어버린 목소리를 부른다. 모든 목소리, 아득한 목소리를. 「사내는 자기와 자기 자신 사이에 도저히 메울 수 없는 간격을 둔 것이다. 명왕성이 목성으로부터, 혹은 금성으로부터 떨어져 있는 것과 같은 정도로. 어떠한 악기도 그 간격을 이으려고 하지 않는다. 잃어버린 것의 보상은 하지 않는다. 악기는 부르는 것이다. 음악가란 부른다고 하는 이 동사(動詞)를 자신의 전문으로 하는 자를 말함이다.」 싫증내는 일 없이, 그들은 목소리를 계속 부른다. 자신이 잃어버린 목소리의 「망령」을. 저 그리운 사랑의 망령을.

눈물의 찬미

『음악 레슨』 뒤에 쓰여져 영화화된, 키냐르의 소설인『해후하는 아침』(17세기 현란한 궁중 음악 시대에 비올을 연주하는 두 음악가의 사랑과 비극을 그린 소설 – 역자)은 이 테마를 두드러지게 한 작품이다. 단지 여기서는 마레와 함께 그가 스승으로 추앙한, 비올의 거장인 상트 콜롬브에게 초점이 맞춰져 있다. 명연주가로 이름높은 상트 콜롬브는 부인이 죽은 후, 파리 근교에 은거한 채 궁정 악사 자리를 그만두고 야인으로 지낸다. 비에빌 강변, 세상을 벗어난 조용한 저택의 정원 속에 뽕나무로 둘러싸인 작은 오두막집. 이 오두막집이 「우주의 배(腹)」의 은유인 것은 말할 것도 없을 것이다. 여기가 세계에서 유일하게 상트 콜롬브가 연주를 하는 장소다. 그의 훌륭한 연주 기술을 알고 전달할 수 있는 사람은, 단지 두 딸이 있을 뿐이다. 지도를 바라는 마레를, 상트 콜롬브는 여간해서 받아들이려고 하지 않는다.

「자네는 악기를 잡는 자세에 대해선 잘 알고 있네. 연주에는 정감(情感)도 담겨 있어. 자네의 활은 가볍고 민활해. 그렇지만」하고, 마레의 연주 듣기를 마친 상트 콜롬브는 말한다. 「나는 음악을 듣지 못했네.」

9. 에로스보다 더욱 감미로운

　구도자인 상트 콜롬브 입장에서 본다면, 음악이란 악기만으로는 연주할 수 없는 것이다. 어떤 명기라 하더라도 「그것」 없이는 음악을 연주할 수 없는 것, 그것은 〈눈물〉이다.
　실제로 이 소설 속에서는 얼마나 많은 눈물이 흐르고 있는 걸까. 죽은 처를 연모해서 상트 콜롬브는 몇 번이고 운다. 그가 작곡한 명곡의 하나는 『애석한 무덤』이며, 소설의 클라이맥스에서 연주되는, 다른 하나의 명곡은 『눈물』이다.
　상트 콜롬브의 비올은 「부르는」 것이다. 언제까지라도 부르길 계속하는 것이다. 자신이 잃어버린 행복의 태양을, 그 부드러운 〈사랑의 목소리〉를. 그의 탄식이 부르는 소리에 응해서 죽은 처의 망령이 나타난다. 그 망령을 향해 상트 콜롬브는 연주를 한다. 여기에 있는 것은 분명히 오르페우스와 에우리디케의 신화다. 에우리디케란 목소리의 망령이며, 〈시간의 망령〉이기 때문에. 처음에 상실이 있었고, 처음에 상처가 있었다. 음악은 회한과 눈물일 수밖에 없는 것이다. 그렇기 때문에 음악은 에로스보다 더욱 애절하고, 에로스보다 더욱 감미로운 무엇인가를 울려 퍼지게 하고 있는 것이다.
　「그것」 없이는 어떤 악기도, 어떤 명기도 음악을 연주할 수 없다…. 『음악 레슨』에 있어서, 이 테마는 소설 이상으로 드라마틱하게 그려져 있다.
　「성련(成連)의 마지막 음악 레슨」이라는, 제목의 짧은 제3부에 나타나는 음악 레슨은 정말 극적이다. 중국 춘추 시대, 명장(明匠) 성련에게 음악 지도를 바라는 소년 백아(伯牙)는 국보급 명기를 갖고 스승을 찾아왔다. 미래의 악성(樂聖)이 들고 온 것은 7백 년 된 피리와 삼현궁이었다. 그 하나하나를 성련은 소년의 눈앞에서 부숴 버리고 만다. 「자아, 지금부터는 연주하는 데 좀더 감정을 넣어라!」 이것이 스승의 음악 레슨인 것이다. 울면서 어찌할 바를 모르는 백아에게 스승은 이렇게 말한다. 「음악은 삶에 매우 가깝다. 음악은 삶 속에 있고, 삶 속에서 생겨 나오려는 소리와 지극히 가깝다. 그것은 최초의 소리, 최초의 외침이다. 이런 뜻에서 음악은 삶 뒤에 오는 것이 아니라, 삶이 시작되기 전에 있는 것이다. 음악은 음절의 발명보다 먼저다!」

악기란 죽은 도구에 지나지 않는 것이다. 악기를 잃고 어쩔 줄 몰라하는 제자를 향해 스승이 말한 대로, 「악기의 관 앞에서 빌어서 어쩌겠다는 거냐? 악기는 이미 관인 것이다.」 「그것」 없이 악기는 죽은 해골에 지나지 않는다. 그러고 나서 몇 달 뒤에 성련은 「마지막 레슨」에서 제자에게 음악을 가르친다.

그때 스승은 기술이 아니라 음악을 가르치는 것이다. 어떻게 해서? 성련은 제자를 데리고 거리를 돌아다닌다. 물론 악기 하나 지니지 않은 채. 성련은 나뭇가지를 스치는 바람 소리를 듣는다. 그리고 운다. 우연히 들어간 요릿집 안에서 고기를 먹는 젓가락 소리를 듣는다. 그리고 운다. 이렇게 하고 나서 마을 경계의 길가에서 배를 다 드러낸 채 오줌을 누고 있는 아이의 모습을 본 성련은 오열의 눈물에 목이 멘다. 그리고 스승과 제자 두 사람은 마지막으로 절에 도착해 스님이 절 주위를 쓸고 있는 소리를 듣는다. 그 다섯 시간 동안, 두 사람은 같이 운다. 마지막으로 스승이 제자에게 말한다. 「이제 돌아갈 때다. 너의 마음을 가장 깊이 감동시킨 악기를 구하는 것이 좋다. … 나는 내일 돌아간다고 전해라. 오늘은 음악을 너무 많이 했다.」

키냐르의 작품에서는 사내들―음악가―이 정말 잘 운다. 『해후하는 아침』이란 소설의 클라이맥스도 역시 눈물로 끝나고 있다. 스승 곁을 떠나, 지금은 베르사이유의 악사로 이름을 떨치고 있는 마레는 매일 밤 말을 달려 상트 콜롬브가 은거하고 있는, 다 쓰러져 가는 오두막집으로 간다. 연주에서 거의 손을 떼고 있는 노장이 세상에 잊혀진 명곡을 연주하는 것을 고대하고 있는 것이다. 교교하게 달빛이 빛나는 겨울 밤, 인기척을 느낀 상트 콜롬브가 묻는다. 「음악에서 무엇을 추구하는가.」 마레가 대답한다. 「회한과 눈물을 추구하고 있습니다.」 저 오르페우스의 나이에 가까워진 것이라고 말해야 할 것일까. 젊은 마레는 상트 콜롬브의 딸의 젊은 육체를 알고, 에로스의 육체의 꿀맛을 충분히 맛본 것이었다. 마레에게 아버지가 갖고 있는 기술을 가르치고, 모든 것을 바친 뒤에 버림받는 마들레느는 병을 앓은 후에 스스로 목숨을 끊으며 죽어 간다. 하지만 성의 쾌락은 비올이라는 악기 속에 감춰진, 저 우주 안에서 울려 퍼지는 열락과는 다르다….

그렇다, 거기서 울려 퍼지고, 속속들이 배어 있는 것은 회한이며 눈물인 것이다. 음악의 시작에는 상실이 있다. 그리고 그 노스텔지어는 언어보다 앞서고, 인간적 시간보다도 앞서는 「혼돈의 동산」에 대한 동경 외에는 그 무엇도 아닐 것이다. 죽은 처의 망령을 향해 상트 콜롬브가 말하는 것처럼. 「말은 내가 말하고 싶은 것을 결코 이야기해 주지 않는다. 어떻게 말해야 좋은 것인지 알 수 없는 것이다….」 언어보다 앞서는, 머나먼 동산에 대한 추억은 비올로 연주할 수밖에 없으며, 그 음악 소리는 연주될 때마다 다시 새롭게 추억을 불러 일깨운다. 음악이란 끊임없이 되돌아오는 「시간의 망령」인 것이다…. 오두막에 초대된 마레와 상트 콜롬브는, 둘이서 세상에 알려져 있지 않은 곡을 연주하기 시작한다. 오두막에 비쳐 드는 달빛 속에서 함께 눈물에 젖으며.

  에로스보다 더욱 감미롭고, 더욱 가슴을 쥐어뜯는 음악 소리. 왜냐하면 그것은 「성」보다 앞서며, 생명보다 앞선 무언가를 부르는 소리기 때문이다. 파스칼 키냐르의 음악론이 우리의 관심을 끄는 것은, 그것이 성의 쾌락이 아닌 무엇인가에 대해 언급하고 있기 때문이며, 오히려 성이라는 것의 잔혹함과 슬픔을 이야기해 밝히고 있기 때문이다. 성 때문에 사내는 그 행복과 <사랑의 목소리>를 상실하며, 또 성 때문에 마들레느는 목숨을 끊기 때문에. 그것들의 상실의 무덤 위에서 음악은 연주되는 것이다. 영원히. 시간 속에서. 시간이 끝날 때까지.

  이 <눈물의 찬미>는 도대체 무엇에 바쳐지는 것일까.「나는 보이지 않는 것을 향해서 말을 걸고 있는 것이다」라고 상트 콜롬브는 말한다. 아마도 언어에 선행하는 무엇인가, 언어로는 말할 수 없는 무엇인가, 전언어(前言語)적인 울림의 바다를 향해.

  이때 우리는 다른 하나의 작품과 만난다. 또 다른 하나의 음악론이기도 하며, 다른 하나의 상실론이기도 한 소설과. 발자크의 『사라진느』다. 거기서도 우리는 목소리와 성의 뒤틀린, 끊기 어려운 인연을 살펴보게 될 것이다.

[2] 사랑의 목소리

「사랑의 목소리」혹은 거세 가수

  목소리란 지극히 불안정한 것이다. 그것은 매 순간 음색을 바꾸는, 결정이 불가능한 것이다. 그리고 성숙과 함께 「추방자」가

되는 사내의 침울한 목소리는 극적인 불안정성에 노출된다. 이 「불협화(不協和)」를 어떤 「협화(協和)」로 바꾸는 예술이 작곡이며, 음악이 아닐 수 없다. 그렇다, 음악이란 목소리라는 불안정한 것으로부터 탄생하는 예술이다. 왜냐하면 목소리는 경계를 빠져나가고, 벽을 파고들어 침투하는 것이기 때문이다. 목소리는 퍼지고 통과해서 우리의 육체를 적신다. 목소리는 미칠 듯이 관능을 뒤흔든다. 황홀과 가슴을 두근거리게 하는 사랑의 목소리. 뇌쇄.

발자크의 『사라진느』는 이 사랑의 목소리를 이야기한다. 이태리 극장의 프리마돈나, 천사로 착각할 만한 미모인 잠비넬라의 가성(歌聲)을 처음 들은 조각가, 사라진느는 사랑에 빠진다.

그것은 한 사람의 여자 이상의 것이었습니다. 그것은 걸작이었습니다. 그 생각지도 못한 창조물 속에는 모든 남성을 뇌쇄시키는 사랑과, 비평가를 만족시키는 데 충분한 아름다움이 있었습니다. … 잠비넬라가 노래할 때, 그는 착란 상태에 빠졌습니다. 조각가는 한계를 느꼈고, 계속해서 그의 내부의, 적당한 말이 없으므로 마음이라고 불려지는 곳의 저 깊은 곳에서 난로 같은 것이 돌연 빠지직빠지직 타오르는 것을 느꼈습니다. 그는 박수를 치지 않았습니다. 말도 하지 않았습니다. 그는 광기의 발작을 느꼈습니다.

잠비넬라의 「가볍고, 윤기 있고, 싱싱한, 은빛의, 바람의 조그만 산들거림에도 흔들리는, 말렸다 풀렸다 늘어났다 엉클어졌다하는 실같이 나긋나긋한」 목소리. 그 목소리는 사라진느의 내부에 침투한다. 「사라진느의 혼은 눈과 귀로 옮겨 가고, 피부에 난 구멍 하나하나로 듣고 있는 것같이 생각되었습니다.」 하지만 사내의 연심(戀心)에 불을 지른 이 은(銀)의 소리는 여자 소리가 아니며, 남자 소리도 아니다. 잠비넬라는 거세(去勢)가 수인 것이다. 이 세상 소리가 아닌 것 같은 아름다운 목소리, 그것은 사내도 여자도 아닌 불안정한 육체에서 발성되고 있다. 거세 가수. 우리는 여기에서 다시 <목소리의 성(性)>을 재론하게 된다.

파스칼 키냐르는 말하고 있다. 변성에 직면한 소년이 선택할 수 있는 길은 두 가지라고. 하나는 변성의 변성을 선택하는 것, 즉 음악이다. 그리고 또 다른 하나는 거세다. 「거세, 아이일 때의 목소리는 남는다. 음낭은 제거된다. 희생, 그리고 기묘한 권세(權勢).」 거세, 이것 역시 찢어진 상처며, 상실이며, 하나의 「손실」이다. 카스트라토(castrato, 거세가수-역자)가 울려 퍼지게 하는 소리는 이 「손실」의 소리에 다름이 아니다. 손실, 찢어진 상처. 무언가를 얻기 위해서는 다른 무언가를 잃지 않으면 안 된다…. 생과 사, 남과 여, 귀와 눈, 음악과 조각. 『사라진느』는 몇 겹으로 중층(中層)된, 두 세계의 경계의 이야기다. 이렇게 이야기하는 것은 미셸 세르(Michel Serres, 1930년생, 프랑스의 철학자, 현재 미국 스탠포드대 교수-역자)의 사라진느론, 『헤르마프로디트』다.

세르가 말하는 대로, 이 소설은 경계로부터 시작하고 있다. 화자는 두 세계의 경계에 위치하여 이야기를 시작한다.

나는 깊은 몽상에 빠져 있었다. … 달빛으로 희미하게 뿌연, 잿빛의 흐린 하늘을 뒤로하고 군데군데 눈에 덮인 수목(樹木)이 어렴풋이 보이고 있었다. 이와 같이 환상적인 분위기 속에서 그것은 보기 흉하게 수의를 걸친 망령들의, 그 유명한 사자(死者)들 무도회의 장대한 광경과 어딘지 닮아 있는 것이었다. 그리고 반대편을 돌아보면 생자(生者)들의 무도를 감상할 수 있었다. 장려한 살롱, 금과 은으로 된 칸막이 벽, 휘황한 촛대가 불타고 있는 현란한 샹들리에. 그곳에는 파리에서도 가장 아름답고, 가장 부유하며, 가장 훌륭한 지위를 가진, 화려하고, 여봐란듯이, 눈이 부실 정도의 다이아몬드를 장식한 여자들이 흔들거리며 나비같이 춤추고 있었다.

이때에 화자는 삶과 죽음의 경계에 위치하고 있다. 「오른손에는 음기(陰氣)에 눌려 침묵한 죽음의 이미지, 왼손에는 전아(典雅)한 삶의 향연.」 「나는 이 두 광경의 경계에 있어서 절반은 양기(陽氣), 절반은 음기(陰氣)인 기분인 믹스 샐러드가 되어 있었다. 왼발로는 박자를 맞추고, 오른발은 관에 들여 넣고 있는 듯한 느낌이 들었다.」 삶과 죽음의 경계에서 흔들리는 혼돈스러운 장소(믹스 샐러드). 지극히 불안정한 이 장소야말로 음악이 그곳으로부터 태어나는 기원의 장소며, 노와즈한 바다인 것이라고 세르는 말한다. 음악 탄생의 비밀. 세르는 키냐르와 같은 테마를 다른 접근법으로 규명해 간다.

그리고 여기서도 문제가 되는 것은 「성」이다. 왜냐하면 사라진느를 사랑에 미치게 한 소리는 거세 가수인 잠비넬라의 목소리이기 때문이다. 잠비넬라는 「한 사람의 여자 이상의 것」이며, 여자이지 않은 자, 그러나 사내도 아닌 자, 그래서 사내이며 여자이기도 한 자다. 정말 그것은 「천사」의 소리라고 할 수밖에 없는 소리인 것이다. 그리고 그 천사의 소리를 갖고 있는 잠비넬라는 사실 산 육체(목소리)인 동시에, 죽은 육체(조상(彫像))이기도 한 것이다. 텍스트의 화자는 이미 자신의 육체 자체로 이 이중성을 몸짓하고 있었다. 이 이중성은 텍스트 속에서 포개어진 구조가 되어 되풀이되며, 표현되고 있다. 우선 그것은 모두

(冒頭)의 말 다음에 이어지는 무도회 장면에서다.

화려한 삶의 향연의 한가운데서 그 삶의 표상같이, 랑티 가(家)의 젊은 딸인 마리아니니가 미모에 빛나는 모습을 드러낸다. 그것도 또 천사 같은 목소리와 함께.「마리아니니와 결혼하고 싶어 하지 않는 자가 어디에 있을까. … 마리아니니는 음색의 순수함, 감수성, 곡조나 억양의 정확함, 혼과 과학, 정확함과 감정을 같은 수준에서 결합시키는 방법을 명심하고 있었다. 이 처녀는 모든 예술의 공통된 유대(紐帶)며, 추구하는 자로부터는 언제나 멀리 도망치는, 저 숨겨진 시(詩)의 전형 그 자체였다.」

「추구하는 자로부터는 언제나 멀리 도망치는, 저 숨겨진」것. 이것은 오르페우스가 사랑하는 에우리디케며, 항상 멀리 도망치는 사랑의「망령」이다. 과연 마리아니니가 등장한 후, 텍스트는 정말로 이「망령」을 무대에 출현시킨다. 랑티 가(家) 일족은 한 사람의 수수께끼 같은 괴물을 저택에 숨기고 있는 것이다.「백 살이면서 동시에 스물두 살이며, 살아 있는 동시에 죽어 있는」수수께끼의 노인을. 이 노인이 화려한 연회의 한가운데서, 마리아니니의 카바티나(cavatina, 짧은 서정적인 가곡-역자)의 노랫소리에 불려진 것같이 돌연히 살롱에 모습을 나타낸다.「일본의 조상(彫像) 같은 이 인물은, 푸르스름한 입술에 딱딱하고 움직이지 않는 미소, 죽은 자의 미소같이 냉혹하고 비꼬는 듯한 미소를 띠고 있었다.」「조상같이 전혀 입을 열지 않는」, 이 살아 있는 시체는 실은 저 미모의 거세 가수인 잠비넬라의 늙어빠진 모습인 것이다(그리고 이 거세 가수 덕으로 랑티 가는 오늘날의 재산을 이루고 있다).

이 늙은 잠비넬라는 살아 있으면서도 말라비틀어져,「조상

(彫像)」화되어 있다. 그리고 그 조상은 「음악」을 연모한다. 노인은 마리아니니의 노랫소리에 이끌려서 불쑥 모습을 나타낸 것이었다. 여기서 마리아니니와 노인은 오르페우스와 에우리디케 역할을 연기하고 있다고, 세르는 말한다. 「마리아니니는 무녀(巫女)며 성이 반대인 오르페우스」여서 그녀가 노랫소리를 흘렸을 때에 그 소리에 불려진 것같이, 돌연 성이 반대인 에우리디케가 모습을 나타내는 것이다.

같은 장면에서 세르는 이렇게 말하고 있다. 언어가 아니라 오직 음악만이 상(喪)의 작업을 이야기할 수 있다고. 상(喪)의 작업…. 「모든 예술에 공통된 유대(紐帶)」인 마리아니니는 아름답고 사람을 취하게 하는 노랫소리의 배후에, 알려지지 않은 성단(聖壇)의 깊숙한 곳에 노인을 숨기고 있는 것이다. 하나의 시체, 하나의 망령, 한 사람의 죽은 자를. 상트 콜롬브가 악기의 활을 잡으면, 알 수 없는 저 깊숙한 곳으로부터 그 추억의 망령이 모습을 나타낸 것처럼. 「모든 예술에 공통된 유대(紐帶)」, 그것은 죽음이고 상실이며, 음악이 태어나는, 저 노와즈한 해저에는 사자(死者)가 누워 있다.

처음에 사자(死者)가 있다

이 삶과 죽음의 드라마를 사라진느의 사랑 이야기가 전개시켜 간다. 조각가인 사라진느는 거세 가수인 잠비넬라를 사랑했고, 그리고 죽었다. 소설의 한가운데에 포개진 상자 구조로 끼워져 있는 사랑 이야기. 이 이야기는 랑티 가의, 오늘날의 재산의 기원에 대한 수수께끼 풀기며, 화자는 연인인 후작 부인에게 그 비밀을 밝혀 주는 것이지만, 그 이야기는 음악 탄생의 비밀을 밝히는 예술 이야기이기도 한 것이다. 그렇다, 그것은 조각가인 사라진느와 가수인 잠비넬라의 사랑 이야기며, 조각과 음악의 사랑 이야기다. 게다가 동시에 그것은 「성」의 이야기이기도 하다.

왜냐하면 사라진느는 기만당한 것이기 때문에. 그는 잠비넬라를 진짜 「여자」라고 생각하여 사랑을 한 것이었다. 하지만 잠비넬라는 가짜 여자며, 거세 가수였다. 롤랑 바르트의 저서 『S/Z』는 텍스트를 「거세의 오염」 작용의 장(場)으로 해석하고 있다. 분명히 랑티 가(家) 모두는 거세에 오염되어 있고, 더러운 재산투성이며, 파리 사회 전체가 더러운 범죄에 오염되어 있다. 성에 대해서도 사랑에 대해서도, 그곳에 진실한 것은 아무것도 없다….

하지만, 세르는 이 바르트의 해석을 산뜻하게 뒤집어 버린다. 어떻게 해서? 「성」 그 자체를 액막이함으로써. 「거세」를 긍정함으로써.

치유하기 어려운 상처. 찢어진 상처. 키냐르의 음악론도 역시 육체가 받은 <상처>에서 시작하고, 성으로 시작하고 있다. 세르는 키냐르의 가설보다 한층 대담하게 「성」이라는, 찢어진 상처를 폭로해 간다. 세르는 그 상처의 흔적을 더듬어, 폭력의 기원에까지 거슬러 올라가는 것이다. 그렇다, 음악이 탄생하기 위해서는 상처 이상의 것, 「희생양」이 존재하지 않으면 안 되는 것이다.

희생양. 『음악 레슨』도 역시 제2부에서 이것을 언급하고 있다. 사내가 그 몸이 다한, 변성이라는 죽음—제2의 탄생—은 그리스 비극을 상기시킨다고. 그리고 키냐르는 계속해서 말하고 있다. 「그리스어로는 변성을 기묘하게 호칭한다. 희생의 외침이라고 말하는 것이다. 희생양의 울음소리」라고. 분명히 여기서 사람은 탄식 이상의 것, 상처 이상의 것과 대치하는 것이다. 즉, 「죽음」과. 키냐르가 말하는 대로, 「남자의 목소리는 두 번 희생된다. 한 번은 변성으로 인해, 다른 한 번은 죽음으로 인해. 최후의 것은 경험할 수 없는 것이다. 이 희생의 장(場)은 이미 육체상의 것이 아니라 묘지상의 것이다.」 제2부의 최후는 아리스토텔레스의 죽음을 묘사하면서 다음과 같이 매듭짓고 있다. 「변성한 목소리는 그 전보다 말라 있지 않고, 그 전보다 거칠지 않다. 뭔가 어떤 것으로 탈피를 이룬다. 탈피한 뒤에 놓아둔 최후의 표피, 그것은 생명이다. 하나의 육체가 갑자기 해체를 하고, 침묵 속에서 변성(變成)한다. 그것은 스스로 무기물로 변화한다.」

　죽음으로 넘겨진 아리스토텔레스의 육체는 이때에 「조상(彫像)」으로 변화한 것이다. 조각이란 죽음에서 탄생하는 예술이다. 그리고 이 예술은 모든 예술 중에서도 가장 기원이 오래된 예술이다. 처음에 사자(死者)가 있고, 처음에 조각이 있다. 상처 이상의 것, 상처보다 더욱 「바꿀 수 없는」 희생, 그 무덤 위에 조상(彫像)이 서 있다.

　그렇기 때문에 조각가인 사라진느는 죽지 않으면 안 되었던 것이다. 사라진느와 잠비넬라의 사랑 이야기는 정말 애매한 양의성(兩義性)을 잉태하고, 텍스트 한가운데에서 불안정하게 흔들리고 있다. 일어난 일은 간단하다. 사라진느가 이상의 여자라고 연모했던 여자는 여자가 아니었다. 그러나 남자도 아니었다. 그것은 환멸 이상의 무엇인가다. 「큰 눈물 방울이 두 방울 그의 마른 눈으로부터 흘러넘쳐, 남성적인 뺨을 따라 바닥에 떨어졌습니다. 두 방울의 분노의 눈물, 불타는 듯이 괴로운 눈물이었습니다. "이제 애정 따위는 필요 없어. 나는 이미 모든 쾌락이나 모든 인간적 감동에 대해 죽은 것과 같다."」 사라진느는 분노의 발작에 휩싸여 잠비넬라를 모델로 새긴 조상(彫像), 사랑의 기념비를 두들겨 부수려고 한다. 하지만 망치는 목적물을 비켜나고, 잠비넬라의 머리 위로 치켜세운 칼도 역시 목적을 이룰 수 없다. 그리고 그 한순간에 사라진느는 거세 가수의 후원자인 추기경의, 수행자의 단검에 찔려 숨을 거둔다. 사랑의 묘비인 조상(彫像)을 그곳에 남긴 채.

　사라진느는 왜 살해되는 것일까? 스스로의 운명에 따라서. 왜냐하면 실제로 그는 처음부터 현실의 「여자」를 원하는 것 따위는 하지 않았기 때문이다. 그가 잠비넬라에게서 발견한 것, 그것은 「한 사람의 여자 이상의 것, 걸작」이었다. 말하자면, 그는 처음부터 「조상(彫像)」, 즉 「거세된 자」를 추구하고 있던 것이어서 그 소망을 이루고 죽는 것이다. 여기서 중요한 것, 그것은 「성」-내지는 「성의 오인」-이 그를 죽음에 이르게 한 것은 아니라는 것이다. 사라진느는 사랑 때문에 죽은 것은 아니다. 그는 살해되었다기보다도 스스로 목숨을 끊은 것이다. 사라진느야말로 선택된 희생양인 것이다. 정말 그는 성(聖) 금요일 예수 수난일에 죽는다. 그는 스스로 변성(變聲)보다 「더욱 바꿀 수 없는」 희생을 그 몸에 받아들여, 자신과 자신의 생명을 버리는 것이다. 「숭고한 거세(去勢)」라고 세르는 말한다.

　숭고한 거세. 말을 바꾸면, 그것은 성(섹스)에 대해서 죽는다는 것이다(「나는 이미 모든 쾌락이나 모든 인간적 감동에 대해서 죽은 것과 같다.」). 사라진느는 성적 욕망에 미쳐서 죽은 것은 아닌 것이다. 「천사의 목소리」에 매료된 조각가, 사라진느의 사랑은 단순한 성애(性愛)보다 훨씬 깊고, 훨씬 양의(兩義)적이다.

사라진느는 음악이란 무엇인가, 뮤즈에 공통인 것, 혹은 모든 예술에 공통의 기반인, 저 명명할 수 없는 것을 어떻게 명명할 것인가, 그것은 어떠한 젠더(gender, 성 인식(性認識) – 역자)에 속하며, 어떠한 성에 속해 있는가, 무엇 때문에 그것이 사람을 미치게 하고, 어떻게 해서 치유하는가, 음악은 어디에서 온 것인가, 이것을 알려고 기를 쓰고 있는 것같이 보인다…. 그러나 사라진느는 음악을 파헤칠 수 있으리라고 바란 끝에 그 정체를 보는 것도, 성별을 확인하는 것도 못한 채 죽어 간다…. 왜인가? 왜냐하면 음악은 모든 예술에 조건을 붙이고 있는 것이며, 그 예술들의 배후에 대기하고 있는 것이기 때문이다. 바로 에우리디케가 오르페우스의 배후에서 떨어져 따라오는 것같이.

음악 – 잠비넬라 – 은 결코 파악할 수 없는 것, 끊임없이 잃고 있는 것, 「추구하는 자로부터는 항상 달아나 사라지는」, 저 추억의 망령인 것이다. 음악, 혹은 「걸작」은, 「걸작은 죽음으로부터 온다.」 처음에 손실이 있고 희생이 있다. 사라진느가 목숨을 버렸기 때문에 걸작은 살아 있는 것이다. 조각가가 죽었기 때문에 음악인인 잠비넬라는 오래 산 것이다. 음악 탄생의 배후에는 끊임없이 하나의 손실이 있고, 상실이 있다. 상처 이상의 것, 즉 성흔(聖痕) – 음악의 배후 – 에는 언제나 시체가 있고, 아름다운 마리아니니의 미성(美聲) 뒤에는 저 말라비틀어진 노인이 있다. 음악을 파헤쳤을 때, 사람이 거기서 보는 것은 죽음의 상(像)이며, 무덤 위에 세워진 조상(彫像)인 것이다. 상처 이상의, 성흔의 상.

에로스보다 더욱 감미로운

 사라진느는 잠비넬라의 「성」을 밝혀 내려고 하다가 이루지 못했다. 잠비넬라는 여자도 남자도 아니지만, 그 어느 것이기도 하다. 여기서 <거세>란 단순한 성의 상실의 은유는 아니다. 오히려 그 반대여서, 그것은 「파로스의 규칙」을 무효화하는 힘의 은유에 다름이 아니다. 사실 파로스란 좋아하든 말든 분단하는 지배력이다. 파로스란 <폭력의 규칙>과 다르지 않고, 육체를 남자나 여자의 어느 쪽으로, 좋든 싫든 변별하는 것이다. 그것은 분할하고, 경계를 정하고, 지배하는 규칙이다. 파로스 —성별—란 상처 입히는 것이며, 이 분할의 폭력을 피할 수 있는 육체는 하나도 없다. 아이들의 낙원으로부터 추방당하는 이는 사내뿐이 아닌 것이다. 살아 있는 육체는 반드시 성(性)이 있는 육체일 수밖에 없고, 누구도 이 경계를 긋는 폭력에서 도망칠 수 없다. 그렇지 않다면 무엇 때문에 마들레느가 목숨을 끊었을까.
 성은 사람을 미칠 듯이 몰아세워 에로스를 낳게 한다. 하지만 에로스의 힘은 폭력의 지배와 같은 권역에 있다. 사랑을 할 때, 우리는 「죽도록 사랑해 줘.」라고 말한다. 정말로 에로스의 힘은 사람으로 하여금 죽음에 이르게 하는 것이다. 예를 들면, 저 뒤라스의 『인디아 송』은 사랑이 가진 죽음의 오염력을 얼마나 훌륭하게 전하고 있는 것일까. 에로스는 분단의 폭력으로부터 태어나, 끝까지 그 분단을 초월할 수 없는 쾌락인 것이다. 하지만 거세 가수인 잠비넬라는 이 분단을 초월하고 있다. 잠비넬라는 남자이기도 하고 여자이기도 하며, 그 어느 쪽도 아닌 존재이기 때문에. 이 「미의 걸작」은 육체를 성에 의해 분할하는, 파로스의 규칙을 거세하고 있는 것이다. 그렇기 때문에 그 목소리는 「천사」의 목소리말고 다른 것일 수가 없는 것이다. 거세의 거세-「성의 죽음」-로부터 탄생하는 음악은, 그렇기 때문에 에로스보다 더욱 감미로운 무엇인가를 울려 퍼지게 하고 있는 것이다.

세르의 말을 다시 인용해 보자. 「전대미문의 새로운 규칙이, 폭력적이며 파로스적인 낡은 규칙을 몰아내고 성취된다.」 이 새로운 규칙은 「지배가 아니라 사랑을, 또 다른 하나의 세계로 운반해 간다.」 세르는 또 이렇게 말하고 있다. 「음악을 위해 성에서 손을 떼자.」 「걸작을 위해 목숨을 바치자, 사라진느처럼. 상(像)의 상(像)인 사라진느. 모든 것이 신의 나라의 프로필이다. 뺨을 얻어맞는 대로 내버려두자.」

성에서 손을 떼자. 기쁜 거세를 긍정하자. 왜냐하면 성은 <상처>이기 때문이다. 상처받는 것은 남성의 인후나 목소리뿐만이 아니다. 남자든 여자든, 대개 보이는 육체는 한정된 것이다. 그리고 한정이야말로 우리의 육체에 새겨지는 시원(始原)의 상처가 아닐 수 없다. 「남자든 여자든 구별 없이 이 자연의 외상(外傷)을 받고, 그것에 의해 그들은 차츰 살아 있는 육체, 개별적인 육체가 되어 불시에 세계를 느끼고, 받아들이고, 인식하게 된다.」 「이러한 절단 자체가 성을 규정하고, 성에 이름을 주는 것이다. 섹트, 구분, 교차」, 「이 제2의 절단의 격렬함과 비례해서 타자와의 격차도 증대한다.」

태어나는 것, 성숙하는 것. 남녀를 불문하고 사람에게 있어서 그것은 <상처>를 입는 것이다. 「세계와의 격차인 카타스트로피는 어머니의 태내에 있을 때부터 시작되고 있다.」 남자든 여자든 성을 가진다는 것, 그것 자체가 이미 <탄식의 용기(容器)>가 된다는 것이다. 성이란 「격차」며, 균열이며, 상처인 것이다. 남과 여, 이 탄식의 용기. 슬픔의 용기.

그리고 탄식은 음악을 부른다. 음악은 성이라는 상처를 몰랐던 「모태(母胎)」에 대한 노스텔지어어로 우리를 끊임없이 부른다. 언어 이전에 있던 것, 우리의 추억에 항상 깃들여 있는 것, 우리가 행복의 물 안에서 듣고 있던 소리의 기억은 우리를 떠나지 않는다. 우리는 부른다. 두 번 다시 돌아오지 않는 창성(創成)의 아침을.

다시 세르의 말을 들어 보자. 「기원의 상태, 본원적, 조건적 초월론적인 시원(始原)의 상태는 언제나 혼합이어서, 우리는 항상 그 혼적의 무언가를 마음에 두고 있다. 이 상태로 의도적인 회귀, 그리고 거세 내지는 제일차적 카타스트로피의 용기 있는 감수, 이것이 창조자나 발명가나 예술가, 조각가나 음악가, 문학자의 모험을 특징짓는 것이다.」

세르는 이 시원 상태를 <노와즈>라고 한다. 「노와즈는 모든 것의 싸움의 어머니이며, 스스로의 내부에 성의 죽음을 포함하고 있다.」 노와즈한 바다, 노와즈한 물. 우리의 귀는 이 울림을 기억하고 있다. 그곳으로부터 음악이 울려 퍼져 오는, 희미한 바다 소리를. 사라진느는 성에 대해 죽음으로써 마침내 승리한 것이다. 사라진느는 잠비넬라의 천사의 소리를 사랑했다. 그 <사랑의 소리>는 없어지는 일 없이 끊임없이 회귀해 온다. 「음악에는 젠더가 없으면서도 온갖 성 인식과 성에 속하며, 온갖 감각과 온갖 의복을 걸친다. 온갖 외견(外見)의 만유(萬有)⋯. 이것은 그녀를 찾고 추구하는 자로부터도, 빼앗아 버리려 하는 자로부터도 도망간다⋯. 말하자면 음악은 모든 예술의 공통 기반, 그녀 혹은 그를 찾고 추구하는 자로부터 항상 도망하는 잠 비넬라인 것이다.」

아침은 두 번 다시 돌아오지 않는다. 돌아보면 아침은 이미 없고, 단지 망령이 있을 뿐이다. 회한의 무덤과 눈물이 있을 뿐이다. 하지만 이 눈물은 우리를 말로 표현할 수 없는 기쁨에 잠기게 한다. 음악은 우리 내부에 스며들고, 우리를 충족시킨다. 남녀 구별 없이 아침을 잃고 살아갈 수밖에 없는, 살아 있는 모든 것을. 「육체는 새삼스럽게 고졸(古拙)하고 무한정한 것의 충일(充溢)에 젖고, 초월론적인 기쁨에 잠긴다. 대개 행복한 것의 조건인 기쁨에. … 이것이 가짜 여가수-무한정한 것-를 사랑한 조각가의 진심의 이야기인 것이다.」

상트 콜롬브는 늙은 비올 연주자였다. 마랭 마레가 「눈물」의 가치를 알기까지에는 세월이 필요했다. 에로스의 꿀보다 더욱 감미로운 것을 알기 위해서는 나이를 먹을 필요가 있을 지도 모른다…. 미셸 세르는 논문에서 이렇게 말하고 있다. 「젊은이는 모른다. 하지만 늙은이는 안다.」 「나는 아는 것이다….」

그리고 세르의 텍스트는 감동적으로 끝맺음하고 있다(그렇다기보다 그것은 발자크의 텍스트 자체의 감동적인 맺음을 두드러지게 하고, 그것을 몸짓하는 것같이 끝난다). 『사라진느』라는 소설은 두 개의 경계에 위치한 화자의, 「불안정」한 장소로부터 시작하고 있었다. 삶과 죽음의 화려한 연회와 죽은 자의 춤, 음악과 조각, 화자는 결국 혼합-믹스 샐러드-의 장소, 노와즈한 바다, 텍스트의 창조의 조건이기도 하며 창조의 현장이기도 한 장소에 있었던 것이다. 화자의 육체는 「왼발로 박자를 맞추며, 오른발은 관을 밟고」 있었다. 결국 그의 육체는 음악과 조각의 경계에 걸쳐서 불안정하게 흔들리고 있었다. 그 혼합의 장소에서 출발한 화자는, 마지막에도 불안정하게 두 개의 경계에 위치한 채 이야기의 몸짓을 끝낸다.

그렇다, 화자는 지금 사라진느의 이야기를 마친 것이다. 전날 밤에 랑티 가의 무도회로 불러낸 연인인 후작 부인을 앞에 두고, 그녀 저택의 규방에서. 랑티 가의 더러운 재산의 비밀을 들추어내는 이야기를 마친 그는 부인의 사랑을 기대하고 있다. 「자, 어떻습니까?」 하지만 이야기를 듣고 난 후작 부인은 사내의 기대에 어긋나게 얼버무려 버리고 만다. 「나를 혼자 있게 해 주세요」라고 여자는 말한다. 그녀의 이름은 로슈필드 후작 부인. 세르가 말한 대로, 그 이름은 「근접하기 어려운 암초」를 가리키고 있다. 근접하기 어려운 바위, 즉 조각, 무덤. 그 상(像)은 꼼짝 않고 침묵하고 있다.

「파리는 관대한 곳이에요.」 그녀는 말했다. 「무엇이든 받아들이는 걸요. 사람 눈을 피해야 할 재산도, 피로 더럽혀진 재산도, 죄도, 부끄러워 할 행동도 파리에서는 안주(安住)할 권리를 갖고 있군요. 파리에서는 미덕만이 제단(祭壇)을 갖고 있지 않아요. 그래요, 순수한 영혼은 천국에 조국이 있는 거예요. 누구도 나를 이해해 주지 않겠지요. 그것이 나의 자랑이에요..」 그리고 후작 부인은 잠자코 생각에 잠기는 것이었다.

잠자코 생각에 잠기는 상(像). 생각에 잠긴 후작 부인의, 그 모습은 「조상(彫像)」을 생각하게 한다고 세르는 말한다. 전날 밤 무도회에서 그렇게 아름답고 생기에 차 있어서 다른 사람의 연심(戀心)을 돋우던 그녀는, 화자의 욕망을 피해 근접하기 어려운 조상으로 바뀌어 있다. 흡사 천국을 모국으로 하는, 희생한 자의 무덤처럼. 「누구도 나를 이해해 주지 않겠지요. 그것이

나의 자랑이에요.」 그리고 그녀는 또 생자(生者)들이 살아가는 파리 사회를 구석구석 알고 있다. 후작 부인, 그리고 텍스트는 천국과 지상 사이에 매달려 있는 것이다. 화자가 텍스트를 이야기하기 시작한 것같이 그 둘의 경계에, 음악과 조각, 삶과 죽음, 「상처」와 「위로」 사이에.

생각에 잠긴다. 경계를 벗어날 수 없도록 성(性)의 경계로부터 도망칠 수 없는, 살아 있는 것은 생각에 잠긴다. <탄식의 용기>는 생각에 잠긴다.

죽음의 포즈를 한 그 상(像) 위로 마랭 마레의 악곡이 하늘로 울려 퍼진다. 에로스보다 더욱 감미로운 즐거움의 소리, 사랑의 소리의 환상, 혹은 신의 음악이.

10. 밤의 소리 쪽으로

소프라노의 태양

 파스칼 키냐르의 『음악 레슨』은 남성만이 경험하는, 변성이라는 현상을 통하여 <목소리의 성(性)>이라고도 말해야 될, 생각지 못했던 영역을 전개시켜 보여 준다. 거기서 이야기되고 있는 것은 남성이라는 성의 음울함이며, 치유될 수 없는 탄식이다.
 변성을 통해 사내는 소프라노의 태양을 상실한다. 키냐르의 텍스트는 이 「목소리 상실」의 비극을 한층 더 높이 울리게 하고 있다. 사내, 그는 목소리를 상실한 자며, 행복의 동산으로부터 추방을 참고 견디는 자다. 변성이라는 경험을 피할 수 없는 남성은 몸에 상처를 입은 존재인 것이다. 「사내에게 있어서 목소리란 배신하는 것」이다. 육체에 이 배신의 기억을 각인해 가며, 상처의 아픔을 결코 잊을 수 없는 사내라는 존재의 탄식.
 키냐르에게 있어서 목소리는 <고뇌>와 결합되어 있다. 음울하고 낮은 사내의 목소리는 말할 때마다 끊임없이 고뇌를 울려 퍼지게 하고 있다. 그리고 이 탄식이 음악과 예술을 불러온다고 키냐르는 말한다. 나와 내 몸이 안고 있는 숨길 수 없는 목소리가 드러내는 고뇌, 이것을 긍정적인 업(業)으로 전화(轉化)시키는 것, 이것이 작곡이라는 예술인 것이다. 추방이라는 운명을 오히려 이용하여 「다른 하나의」 목소리를 창조하는 것. 강제된 부(負)의 조건은 음악이라는 예술 창조의 호기가 된다….

 하지만 우리의 관심은 이미 살펴본 키냐르의 음악론을 다시 한번 언급하는 데 있지 않다. 우리가 이야기하고 싶은 것, 그것은 <목소리>다.

 목소리. 말해짐과 동시에 사라지고, 포착하기 어려우며, 어디서로부터인지도 모르게 들려오는 소리. 생명의 숨소리. 언어 바로 앞에 있어서 의미로부터 벗어나며, 의미 밖으로 달아나는 것. 목청을 찌르는 외침, 혹은 울음소리…. 그렇다, 소리는 말의 바로 앞에 있어서 말보다 선행하는 것이다. 키냐르가 말하는 것처럼, 언어는 항상 인간보다 늦게 형성될 수밖에 없다. 언어 이전에 외침이 있고, 언어 이전에 눈물이 있다.

 언어에 날것은 하나도 없다. 언어는 조리된 음식에 너무나 가깝다. 말해지는 것은 무엇이든 불로 익혀져 있다. 언어는 항상 인간보다 늦게 나타난다. 인간에게 있어서 음악의 선사 시대, 고졸(古拙)한 시대. 몇 달 동안 귀는 목소리보다 앞서서 존재했다. 갓난아기가 맘마, 맘마 하고 옹알거리는 소리, 또 콧노래나 외침이나 목소리가 우리를 찾아오는 것은 말로서 발어(發語)되는 언어, 의미를 나타내고 있는 언어를 익히기 몇 달이나 몇 계절 전이었다. 이것이 최초의 변성이었다.

 목소리가 언어로 바뀌어 「날것」이 조리된 것으로 바뀌어질 때, 이것이 최초의 변성이며, 사내의 변성은 이 최초 변성의 극적인 반복과 다르지 않다고 키냐르는 말한다. 남성은 생애에 두 번 목소리를 잃는 것이다. 하지만 남성뿐만 아니라 언어를 말하는 생명체인 이상, 인간은 모두 목소리를 잃는 존재에 다름이 아닐 것이다. 인간의 문화 속에서 사는 한 여자 역시 목소리를 잃는다. 미셸 세르가 살펴본 것처럼, 행복의 물을 떠나 탄생이라는 사건을 경험하는 것은 남녀의 구분이 없다. 상실의 비극을 오직 남성의 영역으로 한정하는 키냐르의 논리는 목소리의, 다른 하나의 음색을 듣지 못했기 때문이 아닐까.

여성의 목소리는 죽지 않는 행복의 태양이라고 키냐르는 말한다. 그렇게 말함으로써 키냐르는 목소리의 <심오함>을 놓치고 있는 것이다. 그에게 있어 목소리는 항상 무구(無垢)한 태양과 결부되어 있다. 하지만 목소리ー남녀 구분 없이ー란 <어둠>을 울려 퍼지게 하고, 괴로움을 울려 퍼지게 하며, 말의 외부의 침묵을 울려 퍼지게 하는 것이다. 언어의 바로 앞에 있어서 언어로부터 벗어나는 「날것」, 그것은 어둠의 영역에 깃들여 있는 것이며, 이성의 빛으로부터 달아나는 것, 결국은 온갖 비이성(非理性)이며 광기와 다르지 않다. 목소리는 행복이 아닌, 그 어둠의 소리도 울려 퍼지게 하는 것이다. 목소리와 행복을 결부시키는 키냐르는, 이른바 이 <밤의 소리>를 듣고 있지 못하고 있다고 말해야 하지 않을까.

날것

그렇다, 전언어(前言語)적인 「날것」은 밤과 교배하여 어둠의 힘에 잠겨 있다. 마(魔)적인 것의 힘에. 마적인 것을 울려 퍼지게 하는 목소리. 이럴 때에 우리의 귀에 들려오는 것은 마르그리트 뒤라스의 목소리다. 사실 뒤라스가 울려 퍼지게 하는 목소리는 행복한 태양과 거리가 멀다. 뒤라스의 목소리는 「숲」에서 들려온다. 언어를 모르는 자들, 야생의 인간들, 광인들이 사는 숲 속으로부터.

숲이라는 장소, 그것은 무언가 불안한 장소, 아주 오래 전부터 있던 장소. 그리고 모든 숲은 모두 원칙적으로 선사 시대에까지 거슬러 올라가기 때문에, 숲은 반드시 무언가에 이렇게 홀려 있는 장소야. 우리 여자가, 최초의 여자들이 이야기를 한 것은 숲에서였어. 숲에서 우리는 자유로운 말을, 생각나는 대로의 말을 입밖에 내었어. … 숲에서 여자들은 동물과 식물들에게 말을 걸기 시작했지. 그 말은 누군가에게서 배운 것이 아니라 여자들의 말이었어.(『마르그리트 뒤라스의 세계』)

뒤라스 작품의 여기저기에 이 「숲」이 펼쳐져 있다는 것을 새삼스럽게 지적할 필요는 없을 것이다. 어떤 때에는 「집」이며, 어떤 때에는 끝없이 계속되는 모래땅이고, 또 어떤 때에는 「바다」인 그 장소는 언어에 의해 조리(調理)되지 않은, 「자연의」 소리가 사는 장소다. 그리고 그 숲 속에서 술렁거리는 소리는 무엇보다도 <여자>의 목소리다. 반이성(反理性)의 말, 어둠의 외침을 발(發)하는 것, 그것은 여자인 것이다.

까마득한 옛날, 역사 이전의 아득함 저편에서 우리의 귀가 듣고 있던 것, 그것은 투명한 행복의 소리가 아니라 불투명한 암흑의 어두움이며, 그 암흑을 울려 퍼지게 하는 것은 여자의 목소리였다고 뒤라스는 말한다. 여자 목소리의, 이 무명(無明)의 어두움, 이것이야말로 키냐르의 귀가 미처 듣지 못한 것이다.

하지만 키냐르가 밤의 소리를 듣지 못한 것은, 당연하다면 당연하다고 말할 수 있을지도 모른다. 왜냐하면 여자 목소리의 어두움은 여자 <육체>의 어두움으로부터 유래하는 것이기 때문이다. 언어 바로 앞에서 소리를 발(發)하는 것, 이성의 빛을 통과시키지 않는 것, 무엇보다도 그것은 육체며, 뒤라스의 숲에 살고 있는 것은 수없는 여자들의 육체인 것이다. 그것들의 육체는 수천의 외침을 잉태하고 있고, 언어의 이편에 있으며, 입을 다물고 있다. 여자의 「목소리」로부터 출발하는 키냐르의 논리는, 그 목소리가 유래하는 육체에 대해서는 너무나 지나치게 과묵한 것이 아니었을까.

사실 육체란 그곳으로부터 목소리가 발(發)해지는 장소며, 아직 외침이 되지 않은 침묵을 잉태하는 장소다. 자연 그대로인 것이 살고 있는 곳, 그곳이 육체다. 뒤라스 작품 세계의 여자들은 모두 이 육체의 무거움을 머금고 있다. 예를 들면, 『애인』의 일절(一節)에 묘사된 소녀의 육체. 소녀의 그 육체는 그저 「설익은 것」이다.

그녀는 음란하다. 엘렌 라고넬, 그녀는 스스로 그것을 모르고 있다. 그녀는 알몸으로 기숙사 침실의 여기저기를 걸어 다닌다. 신이 주신 모든 것 중에서 가장 아름다운 것, 그것은 엘렌 라고넬의 이 육체다.

엘렌 라고넬의 육체는 아직 무구(無垢)하다. 그녀 피부의 매끄러움은 마치 과일 같다. 그런 피부의 매끄러움은 느낄 수 있을까말까 한 경계에 있는 것, 조금 비현실적인 것, 이 세계에서 비어져 나온, 쓸데없는 것이다. 그녀를 보고 있으면 죽이고 싶어진다.

현실같이 생명 있는 것의, 열기를 띤 소녀의 몸. 설익은 존재인 이 육체는 과실같이 성숙하여, 이윽고 「상하고 상처 입게」 된다. 모든 욕망에 대해 개방되고, 짓밟혀져 가는 이 육체는 일각 일각 죽음을 향해 걷고 있다. 뒤라스에게 있어서, 욕망의 폭력에 잠긴 여자의 육체는 언제나 죽음의 힘에 관통되어 있다.

예를 들면, 『인디아 송』의 안느 마리 스트레테르. 온갖 사내에게 몸을 맡겨 「갖고 싶어하는 자들의 것이 된」 그녀는, 온갖 욕망을 받아들여 삼켜 가는 익명의 육체다. 안느 마리 는 천 년의 세월을 살아왔다고 뒤라스는 말한다. 그녀가 가진 숭고한 힘은 거기서 유래하고 있다고. 천 년 전부터 수천의 상처를 입고, 수천의 죽음을 잉태했던 여자의 육체…. 뒤라스 작품의 여자들은 이렇게 온갖 상처와 죽음을 당하면서, 어쩐지 기분 나쁜 숲같이 입을 다물고 있다. 침묵의 외침과 목소리를 잉태해 가면서, 아직도 목소리의 바로 앞에 있으며, 외침을 기다리고 있는 것처럼. 이러한 여자들의 침묵을 뒤라스는 「절대적 침묵」이라거나 「육체적 침묵」이라고 부르고 있지만, 그녀들은 「바닥 없는 우물」같이 모든 것을 삼켜 버린 채 잠자코 입을 닫고 있다. 이 침묵이 깊으면 깊을수록 이윽고 발(發)해지는 목소리는 깊고 무거운 외침을 울려 퍼지게 한다. 광기, 상처, 절망, 욕망의 어두운 힘, 죽음의 힘, 세계의 밤의 힘을….

외부의 소리

여자의 목소리는 「죽지 않는 태양」이라고 키냐르는 말한다. 하지만 뒤라스의 여자들은 「죽음을 잉태한 태양」이며, 엘렌 식

수(Hélène Cixous, 1937~, 프랑스의 페미니스트 철학자, 극작가, 소설가-역자)의 탁월한 표현을 빌린다면, 「뒤집힌 태양」인 것이다. 남자들이 발하는 빛을 모두 삼켜 가는, 검은 심연과도 비슷한 안느 마리는 영화의 화면 속 도처에 편재(遍在)하는 죽음의 힘을 울려 퍼지게 하고 있다. 그녀의 육체는 말하자면, 소리가 울려 퍼지기 위한 무(無)의 중심인 것이다.

　이런 것은 화면의 외부에서 「소리」들이 이야기하기 때문이다. 육체를 갖지 않은 그 소리는 화면 속 육체의 침묵을 돋보이게 하는 동시에 그 육체가 잉태하고 있는, 보편적인 목소리를 이끌어 낸다. 외부의 소리가 이야기함으로써 안느 마리의 이야기는 모든 여자의 이야기로 변화해 가는 것이다. 멀고 먼 옛날, 아득한 기원으로부터 실을 잣듯이 이어져 온 이야기. 온갖 여자들의, 태고로부터의 전설. 그렇다, 누구와도 관계없는 그 소리들은 저 「숲」 속에 사는 여자들의 목소리인 것이다. 식물과 동물에게 이야기하듯이 이야기하는 그 목소리는 듣는 자들에게 현재를 잊게 하고, 아득한 시간의 기억으로 유혹해 간다. 그 목소리들의 이야기를 들으면서 우리는 생각하지 않을 수 없다. 그렇다, 모든 여자가 그런 것이다, 여자는 언제나 그랬던 것이라고. 안느 마리의 절망은 모든 여자의 절망이며, 갠지스의 여자 거지의 웃음소리는 모든 여자의 육체에 깃들여 있는 광기의 목소리라고.

　이것을 달리 표현해도 좋을지 모르겠다. 이렇게 해서 육체에 깃들여 있는 목소리가 이렇게 깊숙하게 귀에 울려 퍼져 오는 것은, 그것이 「부재(不在)의 목소리」에 의해 이야기되고 있기 때문이라고. 실제로 육체가 없는 목소리를 들을 때, 우리는 육체로부터 나오는 것 이상으로 생생하게 「육체」의 소리를 듣는다.

뒤라스가 자신이 말하는 대로, 이런 의미에서 정말 「목소리라는 것은 육체 이상의 것」인 것이다.

아마도 그렇기 때문에 파스칼 키냐르 역시 여자의 목소리에 그렇게 매료되는 것일 것이다. 자신의 육체로부터 박탈당해 항상 망령일 수밖에 없는 목소리에. 키냐르의 『음악 레슨』은 음악이라는, 「또 다른 하나의 목소리」로써 이 「부재의 목소리」를 대신하려 하는 시도인 것이다.

하지만 키냐르가 그토록 연모하는 그 목소리는, 너무나 지나치게 아름답다고 말한 것은 아닐까. 「아침은 돌아오지 않는다」고 키냐르는 말한다. 여자의 목소리가 변하지 않고 울려 퍼지게 하는 소리, 그것은 <세계의 아침>의 소리며, 그 소리를 사내는 잃는 것이라고 한다. 하지만 이미 살펴본 것처럼, 뒤라스 작품 속의 여자들이 울려 퍼지게 하는 것은 <세계의 밤>의 소리다. 「내 머리에는 구멍이 나 있다」고 자신이 말하는 것처럼, 뒤라스의 귀에는 끊임없이 어둠의 소리가 들려오는 것이다. 숲 속의 소리, 언어 바로 앞에서 침묵하고 있는 소리, 언어의 빛을 통과시키지 않는 「자연의」 소리가 들려오는 것이다. 키냐르와 뒤라스의, 이 래디컬한 대조성. 그것은 음악을 창조하려고 하는 자와 음악을 단념한 자의 차이이기도 한 것이 아닐까? 이 점에 대해서 엘렌 식수의 지적은 흥미가 있다. 푸코와 대담에서 식수는 뒤라스에 대해 이렇게 말하고 있다.

그녀는 <이미 음악을 그만둔 사람>이라는 겁니다. 결국 음악이 우리에게 부여해 주는 것—음악의 즐거움—을 이미 자신에게는 부여하지 않은 인간, 소리라고 하는 것을 이미 자신에게 부여하지 않은 인간인 것입니다. <그녀는 입을 다물고 말았다>는 것입니다. 그리고 입을 다물고 말았기 때문에 타인과 관계된

일을 들을 수 있는 인간인 것입니다. 그녀의 내부에는 공간이라고 할까, 열려진 입 같은 것이 있어서, 그것에 의해 다른 사람들이 침묵하고 있든 혹은 바로 저 부영사(副領事)같이 고함을 지르고 있든, 그녀는 제대로 들을 수 있는 것입니다. 외치는 사람이 있는가 하면 아무 말도 하지 않는 사람이 있습니다. 그녀는 타인의 말을 듣고, 타인의 욕망의 목소리를 듣고, 타인의 불행을 듣습니다. 결국 이것이 그녀의 사랑의 힘인 것입니다. 그녀는 듣는 힘이 있는 것입니다.

음악을 추구해서 다른 하나의 소리를 창조하려고 하는 자는 그 악곡의 음색에 마음을 빼앗겨, 세계에 울려 퍼지는 무수한 소리들을 듣는 힘을 잃는다고 말해야 할 것일까. 혹은 두 사람의 차이를 이렇게 표현할 수 있을지도 모른다. 키냐르는 자기의 <외부>의 소리를 외부로부터 듣지만, 뒤라스는 외부의 소리를 내부에서 듣는 것이라고. 예를 들면, 『북(北)의 애인』의 일절, 소녀와 사내가 사랑을 나누는 장면은 다음과 같이 적혀 있다. 「그들 두 사람은 외부의 소리 속에 있어서 그곳에 드러내져, 외부가 통과해 가는 방안에 있었다. … 그 방은 외부의 소리에 <열려> 있어서, 길 가는 사람들이 미늘창의 나무를 스치며 내거나 벽에 부딪혀 내거나 하는 소리에 <열려> 있었다.」

외부의 소리를 자신의 내부에서 듣는다. 뒤라스는 말하자면, 외부의 소리가 울려 퍼지는 「음향실」인 것이다. 끊임없이 외부를 향해 <열린> 그 장소를 온갖 소리가 통과해 간다. 뒤라스라는 작가의, 이 희유(稀有)한 「듣는 힘」을 가리켜서 엘렌 식수가 「사랑의 힘」이라고 말하고 있는 것은 실로 정확한 표현일 것이다. 타자의 욕망을 듣는 사랑의 힘. 뒤라스가 이 힘에 가득 차 있는 것은 욕망의 힘에 잠겨 있기 때문이다. 언어의 바로 앞에 있어서 외침을 품고 있는 「자연의 것」, 그것은 욕망이며, 목소리가 울려 퍼지게 하는 것은 궁극적으로는 이 욕망이기 때문이다.

목소리와 욕망에 대해 바르트가 말한 구절이 상기된다.

인간의 목소리는 실제로 차이의 특권적-형상적-인 장(場)입니다. 어떠한 과학도 면할 수 있는 장(場)입니다. 왜냐하면 어떤 과학도 목소리를 완전히 분석할 수는 없기 때문입니다. … 욕망-혹은 혐오-의 대상이 되지 않는 인간의 목소리는 존재하지 않습니다. 중립적인 목소리는 없습니다. 만일 뜻대로, 이와 같은 목소리의 중립 상태, 목소리의 백지 상태가 생겨난다고 한다면 그것은 우리에게 있어서 매우 무서운 것이 되겠지요. 바로 우리가 동결된 세계를, 욕망이 죽어 버린 것 같은 세계를 발견하고 전율하는 것 같은 것입니다. 목소리에 대한 관계 모두는 반드시 사랑의 관계가 됩니다.(『제3의 의미』)

어떠한 과학으로부터도 벗어날 수 있는 소리는 항상 <외부>에 있어서, 욕망으로밖에 들을 수가 없다…. 목소리가 떠오르는 영역, 그것은 육체며, 무의식이며, 지식의 반대편, <비지(非知)>의 밤의 영역인 것이다. 뒤라스는 스스로 이 욕망에 몸을 열면서 타자의 욕망을 듣는다. 반(反)과학의 힘, 사랑의 힘에 의해.

항상 타자를 향해 열려 있는, 이 <교감>의 힘은 아마도 키냐르적인 음악의 대극(對極)에서 발견되는 것일 것이다. 악기로써 잃어버린 목소리를 연주하려고 하는 음악의 시도를 키냐르는 이렇게 말하고 있었다. 그것은 강제된 부(負)의 조건을 창조의 호기(好機)로 전화(轉化)시키려는 기도며, 운명에 대해 「복수」를 꾀하는 것이기도 하다고. 이 복수라는 몸짓이야말로 뒤라스적인 교감으로부터 가장 멀리 떨어져 있는 것에 다름이 아니다. 뒤라스는 의지적인 몸짓 모두를 버리고, 스스로를 비어 있는「구멍」으로 한다. 그 구멍 속을 타자의 욕망이 지나가고, 목소리가 통과해 가는 것이다. 마치 그런 기도(企圖) 끝에 열려진 귀에만 세계의 모든 소리가 들려오는 것처럼. 그곳에 울려 퍼지는 것은 아름다운 목소리뿐만 아니라 난폭한 외침이며, 신음이며, 절망과 아픔의 눈물, 상처 입은 혼의 소리며, 마(魔)적인 것에 잠겨 있는 세계의 밤의 모든 소리인 것이다.

이런 밤의 외침이 가득 찰 때, 그 난폭한 힘은 때로 음악조차도 갈기갈기 찢어 버린다. 『「파괴하러」라고 그녀는 말한다』의 라스트 신, 숲에서 들려오는 바하의 「푸가의 기법」이 끊어질 듯이, 끊어질 듯이 띄엄띄엄 들려오는 것처럼.

잃어버린 힘

하지만 바하의 악곡은 그래도 역시 들려오기는 하는 것이다. 그것도 저「숲」으로부터. 밤의 외침을 울려 퍼지게 하는 뒤라스는 침묵을 음악 위에 놓을 수는 없다. 오히려 뒤라스는 음악의 지고(至高)한 힘을 인정하고 있다. 음악에는「와야 할 때의 고지(告知)가 있다」, 현실에서는 조우할 수 없는 성취의 때가 있다고 뒤라스는 말한다. 『애인』의 결말부, 별이 빛나는 하늘과 바다에 울려 퍼지는 쇼팽의 선율은 잊기 어려운 잔향(殘響)을 남긴다. 「내용을 알 수 없는 신의 명령같이」 소녀 위로 떨어져 오는 악곡의 파편의, 형용할 수 없는 아름다움. 분명히 음악은 목소리 이상으로 목소리를 울려 퍼지게 하는 것이다. 바르트가 말한 대로, 「대체물(代替物) 쪽이 진짜보다 진실하게 된다」는 것이며, 「바이올린과 첼로 쪽이 소프라노나 바리톤보다도 훨씬 더 노래를 잘 부르는」 것이어서, 결국 <부재> 쪽이 현전(現前)하는 데는 더 뛰어난 것이다. 이런 의미에서 말한다면, 부재의 목소리를 말하는 키냐르의 논리는 음악이라는 예술에 대한 멋진 찬미와 다르지 않다(물론 이것은 그의 에크리튀르(ecriture, 서기 행위 – 역자)의 빼어난 명장(名匠)적 솜씨에 의한 것이기는 하지만).

뒤라스는 미칠 듯한 음악의 힘을 알고 있다. 목소리 이상으로 폭력으로 가득 차 있으며, 게다가 그 폭력을 지고(至高)의 협화음(協和音)으로 울려 퍼지게 하는 음악의 힘을. 그런데도 뒤라스는 목소리를 선택했고, 「노래하는」 것보다 「침묵하는」 것을 선택한 것이다. 그의 작품인『아가타』중에서, 여동생은 자신이 버렸던 것을 그리워하듯이 오빠가 치는 피아노 소리에 매혹된다. 「오빠가 브람스의 왈츠를 연주했다. … 나는 넓은 살롱에 있으며, 강을 마주보고 있었다. 그리고 나는 내 손가락이 아무리 해도 연주할 수 없던 그 음악을, 오빠의 손가락이 울려 퍼지게 하는 것을 들었다. 나는 이 세상에서 오직 나 하나만을 위하여 오빠가 연주하는 것을 들으면서, 거울에 비친 나를 보고 있었다. 나는 오빠에게 음악을 모두 주었다.」

음악을 버리고, 침묵을 선택하고, 목소리를 선택한다. 아니, 뒤라스에게는 선택한다는 말이 너무나도 부적절할 것이다. 선택이라는 의지적인 몸짓만큼 뒤라스에게 거리가 먼 것은 없기 때문이다. 열린 「구멍」이 되어 세계의, 술렁거리는 소리를 듣는 그는 원래부터 선택할 수가 없는 것이다. 듣는다는 것, 정말로 그것은 자기를 <잃어버리는> 것에 다름이 아니기 때문에.
 자기를 잃는다. 그렇다, 무엇과 비교할 수 없는 뒤라스의 힘은, 끝없이 자기 스스로를 잃는 힘과 깊이 맺어져 있다. 뒤라스의 에크리튀르는 온갖 상실에 대해 열려 있는 것이다. 그 에크리튀르는 어떠한 고유의 「장소」도 갖지 않고, 문학, 영화, 음악 중 어느 것도 아니며, 동시에 그 어느 것이기도 하면서 경계선을 빠져나간다. 정말 목소리의 몸짓 그대로인 채로. 목소리란 언제나 사라져 가는 것, 자기를 잃어 가는 것이므로.
 음악은 「구성」한다. 하지만 목소리는 자기를 잃는다. 한쪽은 협화음을 추구하고, 다른 한쪽은 파조(破調)의 술렁거림 속으로 사라져 간다. 키냐르와 뒤라스, 음악과 목소리-침묵-의 차이를 이와 같이 이야기하는 것은 너무나 지나치게 도식(圖式)적일 것이다. 하지만 뒤라스를 사로잡은, 침묵의 목소리의 힘은 그만큼 격렬하다. 아니, 오히려 이렇게 말해야 할 것일까. 뒤라스는 그 <약함>의 <강함>에 사로잡혀 있는 것이라고. 숲 속 여자들의 육체에 깃들인 마적(魔的)인 힘, 그것은 언어를 이해하지 못하고 말도 못하며, 오직 입을 다물고 잠자코 있는 것밖에 모르는 자들의 「침묵」의 힘과 다르지 않다. 「우리 여자들은 모두 고뇌가 무엇인가를 배우고 있다」고 뒤라스는 말한다. 시대와 역사 속에서 남자는 반드시 그 고뇌에 대해 무언가의 해결책을 찾아내 왔다, 하지만 「여자는 단지 침묵하는 것 이외에 아무런 도움도 받지 못했다」라고. 침묵을 제외한 일체의 기도(企圖)를 방기(放棄)하는 것. 고뇌 속, 아픔 속, 눈물 속, 외침 속에서 오로지 몸을 열고, 스스로를 잃으며, 파멸에 몸을 맡기는 것…. 그리하여 자기를 잃고 「빈(空)」 것이 되어 침묵할 때, 세계의 밤의 소리 모두가 그리로 온다. 「우주의 논리가 돌연히 갈라진 틈」으로 흘러넘쳐서, 어둠에 떠들어대는 울림 모두가. 『애인』 중에는 우주의 밤에 일어나는, 강도(强度) 높은 마(魔)의 술렁거림이 있다.

 하늘에서 빛 한 줄기가 투명한 폭포가 되고, 침묵과 부동(不動)의 회오리가 되어 떨어져 왔다. 공기는 푸르고, 손으로 잡을 수 있었다. 푸름. 하늘은 광휘(光輝)의 지속적인 맥동(脈動)이었다. 밤은 모든 것을, 조망(眺望)할 수 있는 강 양쪽 기슭의 들판 모두를 비추고 있었다. 매일 밤 매일 밤이 독자적이며, 각각이 스스로의 지속의 때라고 이름붙일 수 있는 것이었다. 밤의 소리는 들개의 소리였다. 들개는 신비를 향해 짖고 있었다. 마을에서 마을로 서로 짖으며, 결국 밤의 공간과 시간을 완전히 먹어 치우는 것이었다.

 수천의 광기에 홀리고, 수천의 죽음에 잠긴 이들 밤의 울림 —어떠한 악기를 갖고도 달랠 수 없는, 우주의 밤의 소리—은, 침묵의 소리는 「파괴」하는 것이다. 낮의 광명 아래서 꾸며진 행위의 모든 것, 인간의 손에 의한 여러 가지 행위의 모든 것을. 시커멓게 퍼져 가는, 이 침묵의 암흑의 어두움이야말로 오르페우스가 빠져나가지 않으면 안 되었던 명부(冥府)의 어둠일 것이다.

11. 지고성(至高性)
  －양손 가득히 백합꽃을 주게(바타이유『내적 체험』)

목소리2 : 기억하고 있어?
목소리1 : 모래의 나라였어. 바람의.
목소리2 : 들의 저편은 바다였어….(『갠지스의 여자』)

사막을 지나 바람을 넘어 아득한 곳으로부터 오는 소리가 있다. 멀고 먼 곳 저편으로부터 오는 소리. 어디라고 할 것도 없이 밤의 속으로부터 울려 오는 여러 가지 소리, 외침. 뒤라스는 여러 가지 소리를 이야기한다. 몇 번이고 밤에 충만해 있는 소리의 기억, 어둠의 소리들의 술렁거림을. 이런 뒤라스에게「오직 하나의」목소리를 집필한 작품이 있다. 오직 하나, 높은 곳으로부터 들려오는 소리. 그 소리는 <당신>을 향해 부른다.

당신은 그 여자를 모를 것이다. 동시에 당신은 그 여자를, 가는 데마다에서 본 적이 있을 것이다. 호텔에서, 거리의 모퉁이에서, 열차 속에서, 술집에서, 책 속에서, 영화 속에서, 당신 자신 속에서, 당신 속, 그대의 속에서….(『죽음의 병』)

당신을 부르는 그 소리는 당신의 운명을 고지(告知)한다. 블랑쇼(Maurice Blanchot, 1907~2003, 프랑스의 소설가, 평론가－역자)의

『밝힐 수 없는 공동체』는 뒤라스의 이 텍스트를 「선언적 텍스트」라고 부르고 있다. 「모든 것은 모두(冒頭)의 <당신은>에 의해 결정되어 있다. 그것은 권위적이라는 것 이상의 것이어서 사람을 불러 멈추게 하고, 불리어 멈춰져서 도망칠 수 없는 운명의 함정에 빠진 자에게 지금부터 일어날 수 있는 일을 정하는 것이다.」 그것은 매우 높은 곳으로부터 와서 당신을 부르는, 지고자(至高者)의 소리인 것이다. 「그것은 높은 곳으로부터 찾아와서 우리가 지나갈 길을 예언적으로 정하는, 성서의 <당신은>인 것이다. 우리는 명령받은 것을 알지 못한 채 그 속을 걸어간다.」

지고(至高)의 소리는 사람을 소환하고, <법>의 밖으로 사람을 끌어낸다. 블랑쇼가 말하는 것처럼, 「지고성이란 어디까지나 법의 기초가 되는 것이면서, 법을 몰아내는 것이다.」 높은 곳으로부터 온 그 소리는 당신을 법의 바깥으로 데리고 간다. 법이 끝나는 곳, 「당신이 울고 싶다고 바라고 있는 곳」, 지식이 끝나는 곳, 비지(非知)의 밤에.

그 소리는 당신에게 고지(告知)한다. 소리란 고지하는 것이다. 「밤과 함께 여자는 올 것이다. 밤과 함께 그녀는 온다.」

이 말대로 밤과 함께 여자는 온다. 「모르는 여자는 그곳 베드 속, 그녀의 장소, 흰 시트가 패인 곳에 있다.」 여자는 온다. 하지만 무얼 위해? <파괴>하러. 그것도 힘으로가 아니라 무력(無力)으로. 이 세상의 것이라곤 생각할 수 없는 무력으로 파괴하러….

당신은 묻는다. 「사랑한다는 감정은 어떻게 해서 찾아오는 것일까.」 그녀가 당신에게 대답한다. 「아마도 우주 논리의 돌연한 틈새로부터.」그녀는 말한다. 「예를 들면, 하나의 실수로부터.」그녀는 말한다. 「의지로부터는 결코 아니야.」

　의지로부터—그리고 아마도 말로부터—는 결코 사랑은 찾아오지 않는다. 뒤라스의, 다른 하나의 텍스트의 구절이 생각난다. 「나는 배울 수 없는 성질의 것, 어떤 법으로부터도 빠져 달아나는 것, 학교에서 교육할 수 없는 것, 조언할 수도 배우게 할 수도 없는 것에 대해서 이야기한다. 나는 무관심에 대해서 말한다. 신 없는 천국의 새로운 은총.」(『녹색의 눈』) 정말 이와 같이 여자는 남자를 향해 말한다. 조언도 아니고 가르치는 것도 아닌 말로 「당신은 죽음의 병에 걸려 있다」, 「왜 아는지는 모르지만 나는 그것을 안다」라고.
　그리고 여자는 잠이 든다. 그녀의 장소, 흰 시트 속에서.
　잠자는 여자의 몸을 당신은 주시한다. 「당신은 그 형태를 주시한다. 동시에 당신은 그 형태에 숨겨져 있는 지옥의 힘을 발견한다. 무서운 위험함, 약함, 비할 데 없이 약한 것이 갖고 있는, 도무지 이기기 어려운 힘을.」
　그곳, 당신의 눈앞에 내던져져 있는 몸은 무방비 상태로 그곳에 있다. 조금도 대항하지 않고, 모든 폭력에 대해 몸을 열고서…. 그 몸은 「교살에, 강간에, 학대에, 모욕에, 증오의 외침에, 죽음에」 내맡겨진 채 모든 폭력에 개방되어 있다. 「수녀들이 신에 대해 그런 것처럼 당신이 하는 대로 몸을 맡기는」 그 몸은, <당신>에게 진상되어 있는 것이다. 절대적으로 수동적인 그 몸은 유보 없이 당신에게 몸을 내밀고 있는 것이다. 아낌없는 지고(至高)의 증여.
　며칠 밤, 며칠 낮, 몇 년, 아득한 옛날부터 여자들이 해 온 증여의 몸짓. 여자는 그것을 반복한다. 그녀를 욕심내는 자들의 것이 되는, 저 안느 마리처럼.

이 「증여」는 남자를 당혹하게 한다. 그것은 어떻게 해 볼 도리가 없는 것이다. 이 과잉으로써 여자는 법을 파괴해 버리는 것이다. 「외침」같이 비어져 나온, 쓸데없는 것. 「외침」같이 분별을 모르고, 척도를 벗어난 것. 「그래요, 여자는 그 은총을 갖추고 있어요. 비할 데 없는 힘, 항상 파멸 속에 있다고 하는 그 힘을…. 파멸하는 것, 그것은 숭고한 것이에요.」(『카이에 루노 / 바로우』)

이 말대로, 밤과 함께 온 여자는 무방비인 채 당신에게 몸을 내밀고 있다. 「그녀는 잠자고 있다. 입술에 미소를 띤 채 죽여달라고 말하듯이.」

아낌없는 호사스런 선물.

그녀는 그곳, 흰 시트 속에서 당신에게 몸을 열고 있다.

그녀는 언제나 자고 있다. 의지가 끝나는 곳, 모든 기도(企圖)의 끝에 있는 공허한 장소, 흰 시트 속에. 그 호사한 잠이 여자와 당신 사이의 심연을 파고든다.

당신은 자고 있는 여자를 보고 있다. 돌연 당신은 그 육체의, 형용할 수 없는 아름다움을 발견한다. 여자의 왕국을. 「지금 여기 있는 육체의 아름다움, 더할 나위 없는 약함으로 만들어져 있어서 사소한 동작 하나에도 짓밟힐 듯한 아름다움, 그 왕국이 당신의 눈앞에 나타난다.」 더할 나위 없이 약한 그 육체는, 그 극도의 약함에 의해 「왕국」의 아름다움으로 빛나고 있다.

이 선물을 감당할 수 없는 것은, 그것이 공허한 것이기 때문이다. 흰 시트같이, 잠같이 공허한 형태. 블랑쇼는 말하고 있다. 「그녀를 쓸데없는 것으로 해 버리는 것은 그녀 자신이 만들어 내는, 이 공허인 것이다.」이 공허, 이 대조적인 약함이 당신과 여자를 심연으로 격리해 버린다. 잠자는 여자는 너무나도 「위험한」것이기에 당신의 손이 닿지 않는 곳에 있는 것이다. 블랑쇼가 말하는 대로, 그녀는 「그 약함 그 자체, 그 위험함 그 자체로 인해 죽일 수 없는」것이다. 절대적인 약함에 숨겨진 지옥의 힘.

그렇기 때문에 여기에 있는 것은, 또다시 저 거꾸로 된 검은 태양인 것이다. 내던져져서 그곳에 있고, 모든 욕망을 받아들이며, 그 절대적 수동성에 의해 주변에 죽음의 힘을 분비해 가는 저 무(無)의 중심…. 그 위험함으로 인해 죽임을 당하지 않는 여자는 주물(呪物) 같은 마력을 발하고 있다.

그렇다, 밤과 함께 온 여자는 이 세상에 속해 있지 않다. 「여분의 존재」인 그녀는 당신을 법 밖으로 데리고 나간다. 블랑쇼가 말하는 대로, 「그녀는 죽음의 권속(眷屬)이어서 스스로 선택한 자들을 죽음으로 인도해 가는」, 명계(冥界)의 아프로디테인 것이다.

명계의 아프로디테. 그러나 이것은 어떻게 에우리디케와 닮아 있을까. 밤과 함께 왔다가 밤과 함께 사라져 가는 여자는. 그녀가 사라지고 나서 돌연히 당신은 그 부재(不在)를 처음으로 의식한다. 하지만 그녀는 어디에도 없다. 「어느 날 그녀는 이제 없다. 당신은 잠에서 깬다. 하지만 그녀는 이제 없다. 그녀는 밤 동안 사라지고 말았다.」「그녀는 두 번 다시 돌아오지 않을 것이다.」

당신은 그녀를 찾을지도 모른다. 하지만 그녀는 두 번 다시 돌아오지 않는다. 「아마도 당신은 당신의 방 밖에서, 바닷가 모래밭에서, 테라스에서, 길모퉁이에서 그녀를 찾을지도 모른다.

하지만 한낮의 햇빛 속에서는 아무도 분별하지 못하는 당신은 그녀를 발견할 수 없을 것이다.」「바로 당신은 포기한다. 이미 당신은 길모퉁이에서도, 밤에도, 낮에도 그녀를 찾지 않는다.」 당신은 그녀를 잊는다. 당신은 그 사랑의 밤을 망각 속에 매장해 간다. 죽음의 병을 앓고 있는 당신은.

망각? 아니다, 아니다. 당신은 결코 잊을 수 없다. 당신의 내부에 있던, 「원래 상태로 되돌리고 싶은 욕망」은 그녀를 잊을 수 없다. 당신은 그녀의 망령을 부르며 찾는다. 언제나 망령일 수밖에 없는 에우리디케를 당신은 부른다. 결코 잡을 수 없는 사랑의 망령을 언제나, 언제까지나.

당신과 그녀를 격리하고 있는 거리, 그것은 건널 수 없는 강이다. 어떠한 방법으로도 건널 수 없는 강. 의지에 의해서는 결코….

그리고 그 강은 바다가 되어 흘러넘쳐 간다. 끝에 가서는 일면(一面)의 바다. 아프로디테가 그곳에서 태어나 그곳으로 돌아가는, 밤의 바다. 무한의 바다.

뒤라스 작품 속의 여자들은 언제나 바다에서 태어나 바다로 사라져 간다. 「안느 마리 스트레테르는 바다와 하나가 된다.」 「나는 내 작품 속에서 언제나 바닷가에 있었다. … 롤 V. 슈타인과 관계되는 여러 장소는 모두 바다와 마주한 장소다. 그녀가 있는 곳은 언제나 바닷가다. … 여러 가지 바다 … 무한한 바다.」(『뒤라스의 세계』)

바다, 바닷가, 모래, 무한히 계속되는 모래의 나라.

모래, 그 순백(純白)함. 「이름없는 자들의 나라」.

바다의 술렁거림에 밤이 충만해진다. 어둠의 소리가 충만해진다. 몇 번의 상처, 몇 번의 외침, 몇 번의 광기, 몇 번의 증여,

몇 번의 죽음. 어떤 힘으로도 달랠 수 없는 소리들. 멀고 먼 옛날, 천 년이나 옛날부터 들려오는 소리의 술렁거림. 세계의 밤의 밑바닥으로부터 떠드는 소리, 마(魔)의 울림. 그 소리는 되풀이된다. 언제나, 언제까지나 영원히. 무한한 밤의 소리.
뒤라스의 밤의 소리에 바타이유의 밤의 소리가 공명한다.

나는 누군가.
「나」는 아니다. 아니다, 아니다.
하지만 사막의 밤·무한대
나란 무엇인가.
그것은 무엇
사막의 무한대 밤의 짐승.(『내적 체험』)

세계의 밑바닥에서 울려 퍼지는 그들 마(魔)의 술렁거림. 천 년이나 옛날부터 끊이지 않던 그 외침. 인간의 손에 의한, 어떤 방법으로도 달랠 수 없는 밤의 소리. 몇 천 몇 만의 밤의 술렁거림. 지저(地底)에 가득 차 있는, 레기온이 울부짖는 소리.
그리고 지극히 높은 곳의, 「오직 하나뿐인」 지고(至高)의 소리. 그 소리는 바다를 가르고, 별을 떨어뜨리며, 태양을 태워 버린다. 폭력의 규칙을 부숴 버리는, 「오직 하나의」 성스런 소리. 그 희미한 소리는 당신의 귀에는 들리지 않는다. 의지에 의해서는 결코…. 무한한 바다는 끝나지 않는다. 영원한 옛날로부터. 망망(茫茫)하게 펼쳐진 모래의 나라, 그 순백함. 무궁한 하늘의 높음, 다함이 없는 그 푸르름.

나그네 : 여기는 어디?
여자 : 여기는 S 타라, 강까지.

나그네 : 강 건너는?
여자 : 강 건너도 역시 S 타라.(『갠지스의 여자』)

저자 후기

소리(목소리)에 대해 쓰고 싶다고 처음 생각하고 나서 이럭저럭 2년이나 지나고 말았다.

목소리는 뭔가 불가사의하고 신비한 것과 연관되어 있어서 나 자신 샤먼(주술사)과 같이 아득한 소리를 듣는 일이 있다. 그 때 나의 혼은 이 지상을 빠져나가서 또 다른 시공(時空)으로 운반되어 간다. 그런 사적(私的)인 경험을 공통의 장(場)에서 이야기하고 싶다고 생각하면서도 그 방법이 없음에 종종 어찌 할 바를 몰랐다. 음악론이나 미디어론이나 독서론은 있어도, 목소리에 대해 쓰여진 책이 얼마나 적은가를 새삼스럽게 깨닫게 되었다.

모두(冒頭)의 「소리의 공동체」는 소리로부터 확장되어 가는 영역, 소리를 통해 보여지는 현대 사회의 얼굴을 소묘한 것으로 본서의 총론에 해당한다. 단지, 「예감」과 같이 단숨에 쓴 것이어서 하나 하나의 논점에 대해 마지막까지 매듭짓지 못한 채 남겨진 과제도 적지 않다. 예를 들면 권위론 같은 것은 나의 역량을 훨씬 초월하는 문제로 좀 더 깊게 고찰 할 수 없었던 것은 유감이다. 더욱이 그런 인식의 마무리 이상으로 집필하며 고민했던 것은 목소리를 「말로 끌어내는」 문제였다.

그곳으로부터 목소리가 들려올 것 같은 문장, 목소리의 에로티시즘이 울려오는 말—그것을 목표로 해서 집필한 셈이지만, 과연 그와 같은 목소리의 연주가 되어 있는지 결과는 몹시 불안하다. 단지, 집필하면서 점차 선명하게 된 것은 소리에 관한 이야기나 에로티시즘이 어디에서인가 여성성과 관련되어 있다는 것이었다. 처음에는 예정하지 않았던 「여자들의 침묵」의 장이 들어가게 된 것도 그 탓이라고 생각한다. 또 그 장뿐만 아니라 돌이켜 보자면 본서 전체의 톤이 「여성적인 것」으로 구성되어 있다.

아니, 거기엔 그렇게 깊은 이유 따위는 없을 지도 모른다. 아무튼 여자는 「수다쟁이」이므로-단지 그것뿐일지도 모른다. 이 「자명한 것」을 의식해 가면 분명히 밝혀지는 영역이 있는 것은 아닐까…. 그렇게 생각하면서 시야에 들어온 영역의 하나가 미디어다.

매스미디어는 여자와 같이 경박한 수다를 쉬지 않고 떨어댄다. 매스컴의 세상 이야기와 여자는 서로 친화적이다. 그렇게 해서 매스미디어는 본서의 초점의 하나가 되어 있다. 아무래도 미디어의 경박성과 여자의 경박성은 서로 통하고 있다고 생각된다.

그리고 그 매스미디어보다 더욱 여자와 친화적인 것, 그것은 전화라는 퍼스널 미디어다. 전화는 완전히 여자를 위해 발명된 것이 아닌가 하고 생각될 정도로, 전화의 수다와 여자의 수다는 서로 잘 어울리고 있다. 여자에게 있어서 전화란 용건을 전달하기 위한 도구가 아니라, 소리를 통해서 상대를 「느끼기」 위한 미디어[매체]인 것이다. 따라서 매스미디어와 함께 전화라는 퍼스널 미디어도 또 본서의 다른 하나의 초점이 되어 있다. 전화에 대해 더 고백해 본다면 나 자신이 엄청난 수다꾼으로 전화광이기 때문에 소리의 친밀성이나 신비성에 대해 남보다 배나 민감한 것이라고 생각한다. 실제 전화로 이야기를 시작하면 한 시간 정도는 눈 깜짝할 사이에 지나가고 만다.

그런 나의 텔레폰 콜은, 상대가 되어 시간을 빼앗기는 상대 남성에게는 폐가 된다. 여기서 가장 심한 피해자의 이름을 두 사람 들어서 감사를 드리고 싶다. 본서에서 전화론을 쓰게 된 이유의 일단은 그분들의 피해 덕분이기 때문에.

그런 연유로 나의 목소리에 「참으로 부드러운」 소리로 응대하여, 잠시 동안의 친밀함을 같이 해 준 니부야 다카시(丹生谷貴志)씨의 소리의 선물에 감사드린다. 또한 바쁜 중에도 언제나 부드러운 체념으로 나의 콜을 견디어 참고, 「사랑」의 라인을 끊지 않아 준 가지마 시게루(鹿島茂)씨의 긴 인내에 감사드린다.

그리고 이 두 분 이상으로 내 목소리를 응대하고 좋은 파트너가 되어 본서를 완성으로 인도한 가와데쇼보신샤(河出書房新社) 편집부의 다카키 레이코(高木れい子)씨와 요시다 히사다카(吉田久恭)씨에게 감사를 드린다.

또 감사드린다고 하기에는 너무나 깊은 학은(學恩)을 입은 이마무라 히토시(今村仁司)씨로부터는 소리의 권위성에 대해 귀중한 조언을 받았다. 일 년에 한 두 번의「긴 전화」로 밀도 높은 퍼스널 레슨을 베풀어주신「사랑」에 감사를 드리고 싶다. 더욱이 소리나 전화에 관한 문헌에 대해서는 다카야마 히로시(高山宏)씨에게서 교시(敎示)를 구했다. 변함없이 아낌없는「앎(知)」의 선물에 진심으로 감사드린다.

본서가 한 권의 책으로 정리되기까지는 처음 실렸던 잡지의 편집부 여러분들에게도 큰 신세를 졌다. 목소리라는 테마로 쓰고 싶다는 나의 바램을 흔쾌히 들어주시고 기회를 베풀어주신 호의에 감사하고 싶다. 그렇게 해서 여러 잡지에 발표했던 논문을 묶어서 한 권으로 한 형태는 되었지만, 소리라는 테마로 한 권의 책을 쓰고 싶다는 생각이 있었기에 나로서는 모두가 새로 쓴 것이라고 할 수 있다.

여기에 보내는 하나의 목소리가 많은 소리를 부르며, 장소가 없는 다성(多聲)의 유토피아 속으로 사라져 갈 수 있다면 하고 바라는 바이다.

1993년 가을
야마다 도요코(山田登世子)

역자 후기

오랫동안 문학 연구자들은 기본적으로 언어텍스트, 그 중에서도 활자 매체를 중심으로 연구를 하고 또 그 틀 안에서 문화를 이해하려 했다고 해도 과언은 아닐 것이다. 활자 매체의 중시는 자연히 음성적인 것을 부차적인 것으로 여기게 되었다. 문학 연구의 차원뿐만이 아니고 서양에서의 구텐베르크에 의한 활자 매체의 혁신이래 「인쇄된」 것은 음성적인 것의 권위를 구축(驅逐)해 왔다.

그러나 이러한 현상 속에서도 활자라는 매체의 성격이 잘 인식되었던 것은 아니었다. 이 문제를 일찍이 자각한 사람은 맥루한이었다. 맥루한은 알파벳의 발명, 구텐베르크에 의한 인쇄기술의 발명, 현대의 일렉트로닉스의 발명을 서구문명의 각 단계를 구분하는 미디어 혁명으로 자리 매김하고 매체가 갖는 의미의 중요성을 부각시켰다.

활판 인쇄기술의 발명 이전에 책은 필사(筆寫)등의 수공업적인 기술에 의해 만들어져왔다. 시각의 확장인 문자언어가 활자라는 정연한 모습으로 반복되고, 대량생산되어 상품으로 유통된다고 하는 상황은 인간의 커뮤니케이션에 있어서 획기적인 전기가 도래했음을 알리는 것이었다. 「미디어는 메시지다」라는 맥루한의 명제가 의미하는 바는 본래 메시지를 전달하기 위한 투명한 매체라고 인식되었던 미디어 그 자체가 메시지를 내재하고 있다는 것이라고 할 수 있다. 음성에서 활자 인쇄, 다시 일렉트로닉스로 진화한 미디어의 환경은 인간의 감수성을 결정하는 데 큰 영향을 끼쳐왔다.

본서는 이러한 맥루한의 발상을 바탕으로 하면서 미디어로서의 음성의 문제를 다양한 각도에서 분석하고 있다. 오늘날 인문학에서 흔히 학제(學際)적 연구의 필요성을 말하지만 본서처럼 다양한 영역을 크로스 오버하면서 음성의 문제를 집요하게 추구한 텍스트는 드물 것이다. 필자는 미디어론, 문학이론, 풍속사, 권위론, 음악론, 미술론, 영화론, 독서론, 젠더 등 제 영역의 담론을 동원하여 음성의 문제가 내재된 텍스트들을 읽어내고 있다.

그 중에서도 미디어로서의 전화의 문제를 젠더와 연관시켜서 설명한 부분은 개인적인 사소한 일로 장시간 전화를 해본 사람이라면 누구나 수긍할 만한 분석이라고 생각된다. 전화에서의 육성의 일대일 커뮤니케이션에 의한 친밀권(親密圈) 형성의 문제는 거슬러 올라가면 W. J. 옹이『소리의 문화와 문자의 문화』에서 말하고 있는 음성과 공동체의 관계— 음성만으로 충분히 커뮤니케이션이 가능한 시원적(始原的) 세계에의 갈구와 연관되어 있다고 보아도 좋을 것이다. 음성의 복권이라고 할 만한 본서의 문제의식이 지극히 현재적인 문제를 논하고 있으면서도 사실 그 연원은 시원적(始原的)인 데 있다는 것이다. 다양한 앎(知)의 영역과 문화현상에 관심을 가진 독자들에게 일독을 권하고 싶다.

본서를 번역하는 데 있어서 고심했던 점은 먼저 대단히 학술적인 내용을 도발적으로 서술해 놓은 필자의 문체였다. 과감한 생략과 도치법의 사용은 문장에 일종의 시적(詩的)인 긴장감을 불러온다고 해도 좋지만 그 리듬을 그대로 우리말로 옮기기는 매우 어려웠다. 또 하나 고심했던 것은 독자의 이해를 돕기 위한 역주(譯註)를 어디까지 붙이는 것이 좋은가 하는 문제였다. 모두 역주를 붙이고 싶었지만 지면 관계상 본서와 같은 성격의 인문서를 읽을 독자라면 알만한 인물이라고 생각되는 부분에서는 굳이 역주를 붙이지 않았다. 독자 여러분의 너른 양해를 바란다.

끝으로 이 책이 나오기까지 많은 애를 쓴 아침의 이선규 사장께 감사드린다.

2003년 2월 역자

인용 · 참고문헌

<미디어 · 전화>
발터 벤야민 『著作集2』 高木久雄 · 高原宏平他譯, 晶文社, 1970.
　　　　　　『著作集6』 用村二郎他譯, 晶文社, 1975.
　　　　　　『著作集7』 高木久雄 · 佐藤康彦他譯, 晶文社, 1969.
로렌스 브로크 『八百万の死にざま』 田口俊樹譯, 早用書房, 1988.
Maxime du Camp *L'attentat du Fieschi — les ancêtres de la commune*, Charpentier, Paris, 1877.
미셸 드 세르토 『日常的実践のポイエティーク』 山田登世子譯, 国文社, 1987.
　　　　　　　『文化の政治学』 山田登世子譯, 岩波書店, 1990.
에드워드 T. 홀 『かくれた次元』 日高敏隆 · 佐藤信行譯, みすず書房, 1970.
粉用哲夫 · 武邑光裕 · 上野俊哉 · 今福竜太 『ポスト · メディア論』 洋泉社, 1992.
小林恭二 『電話男』 福武書店, 1987.
마샬 맥루한 『グーテンベルクの銀河系』 森常治譯, みすず書房, 1986.
　　　　　　『メディア論』 栗原裕 · 河本伸聖譯, 1987.
中沢新一 『幸福の無数の断片』 河出書房新社, 1992.
W. J. 옹 『声の文化と文字の文化』 桜井直文 · 林正寛 · 糟谷啓介譯, 藤原書店, 1991.
프루스트 「ゲルマントのほうⅠ」 『プルースト全集4』 井上究一郎譯, 筑摩書房, 1985.
　　　　 「囚われの女」 『プルースト全集8』 井上究一郎譯, 筑摩書房, 1987.
Avital Ronell, *The Telephone book*, University of Nebraska Press, 1989.
리처드 세닛 『権威への反逆』 今防人譯, 岩波書店, 1987.
　　　　　　『公共性の喪失』 北山克彦 · 高階悟譯, 晶文社, 1991.
鈴村和成 『テレフォン』 洋泉社, 1987.
高橋悠治 · 坂本竜一 『長電話』 本本堂, 1984.
森岡正博 『意識通信』 筑摩書房, 1993.
吉見俊哉 · 若林幹夫 · 水越伸 『メディアとしての電話』 弘文堂, 1992.
今村仁司 「権威の声, 声の権威」 『IS』 58号, 1992.
高山宏 「メディア · ポエティックス」 『現代思想』 1992年3月号, 清土社.
폴 비릴리오 「速度革命」 市田良彦譯 『InterCommunication』 0(零)号, NTT出版, 1992.
슬라보이 지젝 「王はものである」 浜名恵美譯 『ルプレザンタシオン』 3号, 筑摩書房, 1992.
　　　　　　　「精神分析に横断される哲学」 鈴木真理子譯 『批評空間』 6号, 福武書店, 1992.

<책 · 독서>
로제 샤르체 『読書の文化史』 福井憲彦譯, 新曜社, 1992.
　　　　　　編 『書物から読書へ』 水林章 · 泉利明 · 露崎俊和譯, みすず書房, 1992.

루시앙 페브르, 앙리 장 마르탕『書物の出現』関根素子・長谷川輝夫・宮下志朗・
　　　　　月村辰雄譯, 筑摩書房, 1985.
미셸 푸코『監獄の誕生』田村俶譯, 新潮社, 1977.
레몽 장『読書する女』鷲見和佳子譯, 新潮社, 1989
Martin Lyons, Le Triomphe du livre, promodis, 1987.
佐藤健二『読書空間の近代』弘文堂, 1987.
볼프강 쉬벨부쉬『鉄道旅行の歴史』加藤二郎譯, 法政大学出版局, 1982.
山田登世子『メディア都市パリ』青土社, 1991.
宮下志朗「本の密猟者エンマ―19世紀フランスの読書する女」『月刊百科』平凡社, 1982.

<여자・사생활>

Philipe Ariès, George Duby(éd.), Histoire de la vie privée, t.4. Seuil, 1987.
Balzac, La Comédie humaine, t.1, Gallimard, 1976.
　　　　La Comédie humaine, t.6, Gallimard, 1977.
베르너 호프만『ナナ』水沢勉譯, 出版, 1991.
Annik Pardailhé-Galabrun, La naissance de l'intime, PUF, 1988.
Philippe Perrot, Le travail des apparences, Seuil, 1984.
쥬디스 웩슬러『人間喜劇』高山宏譯, ありな書房, 1987.
山田登世子『娼婦』日本文芸社, 1991.

<목소리・에로티시즘>

롤랑 바르트『S/Z』沢崎浩平譯, みすず書房, 1973.
　　　　　『恋愛のディスクール・断章』三好郁郎譯, みすず書房, 1980.
　　　　　『第三の意味』沢崎浩平譯, みすず書房, 1984.
조르쥬 바타이유『内的体験』出口裕弘譯, 現代思潮社, 1986.
장 보드리야르 外 監修『声』(『トラヴェルス叢書3』) 今村仁司監譯, リブロポート, 1988.
모리스 블랑쇼『明かしえぬ共同体』西谷修譯, 朝日出版社, 1984.
Christine Bolt-Labarrère, Marguerite Duras, Seuil, 1992.
Michel de Certeau, La fable mystique, Gallimard, 1982.
Marguerite Duras, Le ravissement de Lol V. Stein, Gallimard, 1964.
　　　　　　　Nathlie Granger, La femme du Gange, Gallimard, 1973.
　　　　　　　le Camion, Ed. de Minuit, 1977.
　　　　　　　Les yeux verts, Cahier du cinéma, 1980
마르그리트 뒤라스『破裂しに、と彼女は言う』田中倫郎譯, 河出書房新社, 1978.
　　　　　　　『インディア・ソング 女の館』田中倫郎譯, 白水社, 1985.
　　　　　　　『語る女たち』田中倫郎譯, 河出書房新社, 1975.
　　　　　　　『死の病・アガタ』小林康夫・吉田加南子譯, 朝日出版社, 1984.

『愛人』清水徹譯, 河出書房新社, 1985.
『青い眼, 黒い髪』田中倫郎譯, 河出書房新社, 1987.
『愛と死, そして生活』田中倫郎譯, 河出書房新社, 1987.
『北の愛人』清水徹譯, 河出書房新社, 1992.
마르그리트 뒤라스/미셸 볼트『マルグリット・デュラスの世界』舛田かおり譯, 青土社, 1985.
Michel Leiris, *Operratiques*, P.O.L., 1992.
미셸 레리스『角笛と叫び』千葉文夫譯, 青土社, 1989.
루이 마랭『声の回復』梶野吉郎譯, 法政大学出版局, 1989.
파스칼 키냐르『音楽のレッスン』吉田加南子譯, 河出書房新社, 1993.
『めぐり逢う朝』高橋啓譯, 早川書房, 1992.
장 자크 루소『ルソー전집』小林善彦 外譯, 白水社, 1979-1983.
Michel Serres, *L'Hermaphrodite*, sarrasine sculpteur, Flammarion, 1987.
미셸 세르『生成』及川馥譯, 法政大学出版局, 1983.
츠베탄 토도로프『はかない幸福-ルソー』及川馥譯, 法政大学出版局, 1988.
『ユリイカ』1985年 7月号(マルグリット・デュラス 特輯号) 青土社
『IS』58号(「声」特輯号) ポーラ文化研究所, 1992.

소리의 은하계

초판 1쇄 발행 2003년 4월 25일

지은이/ 야마다 도요코
옮긴이/ 이창종
펴낸이/ 이선규

펴낸 곳/ 도서출판 아침
등록/ 서울 제21-27호(1988. 5. 31)
주소/ 서울시 마포구 합정동 383-23
전화/ 326-0683 팩스/ 326-3937
E-mail/ ahchim@hitel.net

ISBN 89-7174-020-5 00300

값은 뒤표지에 있습니다.
잘못 만들어진 책은 바꿔드립니다.